In 30 Tagen durch die Schweiz

Einblicke in ungeahnte Orte

Mit der Unterstützung von:

Der Verlag HELVETIQ wird vom Bundesamt für Kultur mit einem Strukturbeitrag
für die Jahre 2021–2025 unterstützt.

In 30 Tagen durch die Schweiz
Einblicke in ungeahnte Orte

Francisco Klauser, Sara Landolt, Martin Müller, Isabelle Schoepfer (Hrsg.)
Illustrationen: Clara San Millán
Satz und Layout: Océan Bussard
Cover: Ajša Zdravković
Übersetzung der Kapitel 2, 6, 7, 8, 11, 12, 14, 15, 16, 18, 19, 29
und von *Mit dem Velo durch Schweizer Landschaften* aus dem Französischen: Viktoria Wenker
Lektorat: Myriam Sauter
Korrektorat: Ulrike Ebenritter

ISBN: 978-3-039640-24-9
1. Auflage: Oktober 2023
Hinterlegung eines Pflichtexemplars in der Schweiz: Oktober 2023
Gedruckt in der Tschechischen Republik

helvetiq.com

In 30 Tagen durch die Schweiz

Einblicke in ungeahnte Orte

Francisco Klauser, Sara Landolt, Martin Müller, Isabelle Schoepfer (Hrsg.)

Übersetzungen aus dem Französischen von Viktoria Wenker

Inhalt

Einleitung

Ein Porträt der Schweiz: Zwischen Liebeserklärung und -kummer

Die Schweiz ist eine touristische Höchstleistung. Jeder Kanton, jede Stadt, ja beinahe jedes Dorf hat seine Wahrzeichen und Sehenswürdigkeiten. Viele davon sind bis weit über die Landesgrenzen hinaus bekannt. Aber machen diese Glanzpunkte in der Summe wirklich die Schweiz aus? Werden sie der Vielfalt, den Kontrasten und den Widersprüchen unseres Landes gerecht? Wohl kaum! Die Postkarten-Schweiz unterscheidet sich vom gelebten Alltag in etwa so sehr wie Zahnpasta-Reklame vom abendlichen Zähneputzen mit den Kindern. Einerseits ein reduziertes Werbebild, andererseits eine praktische Alltagsrealität.

Der Schweizer Alltag findet im Pendelverkehr statt, auf dem Schulhausplatz oder beim Anstehen für eine Wohnungsbesichtigung. Genau um solche Orte geht es in diesem Buch. Es geht darum, unerwartete, vergessene, unbekannte, aber auch allzu bekannte Orte des Schweizer Alltags in den Vordergrund zu rücken. Diese Orte sind wohl in keinem klassischen Reiseführer vermerkt, treffen aber den Nerv des Landes umso besser, in seiner Vielfalt und in seinen Gegensätzen und Themen. Wir erhoffen uns damit auch, den Leserinnen und Lesern Lust auf eine etwas andere Entdeckungsreise durch die Schweiz machen zu können, ob auf dem Papier oder zu Fuss, auf dem Velo oder per Bahn.

Unsere Reise führt in ein kleines Grenzdorf und in die grosse Stadt, die Hügel hinauf, über Bergkämme und Hochebenen, in besinnliche Kapellen und quirlige Bahnhöfe. In 30 Essays werden nicht nur sehr unterschiedliche Orte porträtiert, sondern auch kritische Fragen gestellt, witzige Anekdoten erzählt und zentrale Themen der aktuellen Schweiz angesprochen: von der Transition zur Nachhaltigkeit und der ungleichen Verteilung von Bildungschancen bis zur Landesverteidigung und Suche nach Gleichberechtigung. Dabei wird offensichtlich: Durch jeden Ort lassen sich auch Geschichten erzählen und Verbindungen zu anderen Orten aufzeigen. Orte und ihre Menschen stehen nie allein oder abgetrennt von anderen Orten und Menschen.

Es sind diese Geschichten und Verbindungen, aus denen sich ein komplexes Gewebe ergibt, das nicht nur den Charme der Schweiz ausmacht, sondern auch ihre Herausforderungen. Auch darum geht es uns: Wir wollen die Schweiz aus unterschiedlichsten Perspektiven betrachten und so zur nachdenklichen, ja kritischen Betrachtung einladen. Jeder Essay ist Ortsbeschreibung und Denkanstoss zugleich. Das Buch ist also durchaus als Einmischung zu verstehen, als warnender Zwischenruf. Der gelebte Alltag ist manchmal eben auch schwierig, ungerecht, nervig, vielleicht sogar gefährlich.

Aber seien wir ehrlich: Neben dieser Einladung zum Nachdenken ist unser Buch ein bisschen auch eine versteckte Liebeserklärung an die Schweizer Vielfalt. Eine typisch schweizerische Liebeserklärung zwar, mit Vorsicht, Vorbehalten und Ängsten, aber auch mit leisem Humor und stiller Zuversicht. Dennoch, eine Liebeserklärung an dieses eigentümliche und vielschichtige Land und an sein spannungsgeladenes Alltagsgefüge.

Eine geografische Reise –
eine Reise der Geografie

Bei unserem Porträt der Schweiz geht es im doppelten Sinne um eine geografische Reise. Einerseits besteht unser Porträt aus einer Entdeckungsreise durch die Schweiz, von Ort zu Ort, von Thema zu Thema. Andererseits geht es bei diesem Porträt auch um eine Reise in Begleitung der Schweizer Geografie. Das heisst, sämtliche Essays wurden von Geografinnen und Geografen in der Schweiz verfasst.

Entstanden ist das Buch als Idee der ehemaligen Geschäftsstelle des Verbands Geographie der Schweiz (ASG), die nun als Herausgeberschaft fungiert. Die ASG ist der Dachverband der Schweizer Geografinnen und Geografen und hat u. a. zum Ziel, den Dialog zwischen Wissenschaft, Praxis und Öffentlichkeit zu fördern. Warum dieser Verband als ASG abgekürzt wird? Ganz einfach; diese Abkürzung folgt der Logik des Verbandsnamens in der Mehrheit der Landessprachen: Associazione svizzera di geografia, Association suisse de géographie, Associaziun Svizra da Geografia.

Diese für die Schweiz typische Mehrsprachigkeit bildet sich auch ganz direkt im Buch ab. Einerseits als Thema im Ortsporträt Freiburg/Fribourg. Andererseits wurden alle Artikel von den Autoren und Autorinnen wahlweise auf Französisch oder Deutsch verfasst und dann in die jeweils andere Sprache übersetzt. Dieses Buch ist also auf zwei Sprachen veröffentlicht worden.

» Geografinnen und Geografen als Autoren und Autorinnen der Essays? « oder » Geografie? War das nicht das mit den Steinen …? «, mögen jetzt manche denken. Als Geografinnen und Geografen bekommen wir diesen Satz tatsächlich immer mal wieder zu hören. Wenn wir unser Fach Bekannten und Verwandten erklären (und erklären müssen wir es fast immer), stossen wir meistens auf Verwunderung und Erstaunen. In diesem Buch stellen wir die Geografie als Wissenschaft der Orte vor. Wer als Geografin oder Geograf arbeitet, arbeitet fast immer mit, an und über Orte – mal im Freien, mal im Büro. Ob als Stadtplaner oder als Tourismusdirektorin, als Mobilitätsspezialist oder als Naturschutzmanagerin, ob als Lehrperson, oder als Analystin räumlicher Daten, ob als Expertin für die Risikobeurteilung von Naturgefahren oder als Umweltplaner. Oder als Akademikerin an einem der Geografischen Institute an Schweizer Universitäten.

Wer Geografie macht, muss sich bewegen, muss Orte erkunden. Diese Orte – ihre Materialität, ihre Sinnlichkeit, ihre Verwebungen, ihre Einzigartigkeit – bilden den Einstieg in die Texte dieses Buchs. In unserer geführten Reise durch die Schweiz entsteht also nicht nur ein Landesporträt, sondern auch ein Porträt der Schweizer Geografie, das heisst eine Bestandsaufnahme zahlreicher ihrer aktuellen Fragen (und einiger Antworten darauf) als » Wissenschaft der Orte « par excellence.
Kommt mit auf Ortsbesuch!

Francisco Klauser, Sara Landolt, Martin Müller, Isabelle Schoepfer

Die Schweiz und ihr Gold

Valcambi Goldraffinerie, Balerna (TI)

Christian Berndt

Ich befinde mich in einem verkehrsgünstig gelegenen Gewerbegebiet in der Nähe der weit ausgreifenden Gleisanlagen des Güterbahnhofs Chiasso unweit der A2. Betonmauern, Stacheldraht, Überwachungskameras und massive Stahltore verstellen mir den Blick auf unscheinbare Fabrikgebäude. Ich stehe vor einer der weltweit grössten Goldraffinerien. Drinnen zermahlen Stahlkugeln goldhaltiges Gestein. Danach folgt ein Bad in Salz- und Salpetersäure. Erhitzen. Elektrolyse. Behandlung mit Chemikalien. Am Ende des Prozesses entsteht reines Gold. Als Goldbarren gegossen oder zu Legierungen verarbeitet, weckt es Emotionen und Begierden: Schmuck, Luxusuhren, Vermögensanlage, Spekulationsobjekt. In der Schweiz gibt es vier solcher Raffinerien, allein drei davon im Tessin. Eigentümer der Anlage in Balerna ist ein indischer Konzern in einer verschachtelten Holdingkonstruktion, die vom Tessin nach Singapur führt.

Die Mauern und Sicherheitsmassnahmen verschleiern, dass die Goldraffinerie in Balerna ein globaler Ort ist, der Warenbewegungen lokal verdichtet und Menschen an unterschiedlichsten Knotenpunkten der Goldwarenkette miteinander in Beziehung setzt. In diesem Geflecht ist die Goldraffinerie ein Ort des Übergangs, der sowohl trennt als auch verbindet. Track and trace: Die Rohgoldlieferungen werden auf den Computern der Supply Chain Manager sichtbar gemacht. Die Akteure und Akteurinnen in der Raffinerie beobachten die Prozesse an den Knotenpunkten der Lieferketten » auf Distanz «. Andere Verbindungen an diesen Knotenpunkten bleiben für sie unsichtbar: die Arbeitsbedingungen oder die ökologischen Folgen für Mensch und Natur. Diese für viele unsichtbare Wechselbeziehung macht den Goldraffinierungsprozess aber erst möglich. Die Goldraffinerie ist ein global-lokaler Schweizer Weltort, der Anfang (Goldabbau) und Ende (Konsum) der Goldwarenkette zusammenhält und seine Identität nur in Verbindung mit anderen solchen Weltorten erhält.

Schweizer Gold aus Peru?

Departamento Madre de Dios, Peru. Das dünn besiedelte Amazonastiefland im Südosten Perus befindet sich seit Jahren in einem Goldrausch. Die Nachfrage nach Gold und sein Preis steigen unaufhörlich, es gibt geringe staatliche Regulierung, Mangel an alternativen Erwerbsquellen und eine infrastrukturelle Erschliessung durch die Carretera Transoceánica. Diese Einflüsse befeuern auch den nichtindustriellen, sogenannten artisanalen Goldabbau. Kleinstschürfer und -schürferinnen waschen goldhaltiges Substrat aus im Fluss abgelagertem Material oder nutzen die chemische Reaktionskraft von Quecksilber und anderen Stoffen zur Extraktion. Lokale Händler kaufen dieses Rohgold auf und verkaufen es an Zwischenhändlerinnen oder Exportunternehmen weiter. Als Ergänzung zum industriellen Grossbergbau findet der artisanale Goldabbau an den intransparenten Rändern der Lieferketten statt, im schlecht ausgeleuchteten Grenzbereich zwischen »formeller« und »informeller« Ökonomie.

Die daraus resultierenden sozialen und ökologischen Auswirkungen vor Ort werden seit Längerem kritisch diskutiert. Zu nennen sind hier etwa die problematischen Arbeitsbedingungen und die Quecksilberrückstände, die Mensch und Natur vergiften. Direkte Verbindungen zur Goldraffinerie in Balerna lassen sich nicht nachzeichnen. Was aber auf der Rückseite der optimistischen Selbstdarstellungen und Versprechungen der Corporate Social Responsibility-Abteilungen und Unternehmensleitungen in der Branche geschieht, bleibt unsichtbar. Verfügbare Zahlen deuten auf Verwicklungen der Schweizer Goldraffinerien hin: Peru gilt als wichtigster Goldproduzent Lateinamerikas, 20 Prozent der peruanischen Produktion wird von artisanalen Mineuren und Mineurinnen geleistet. Im Jahr 2020 exportierte Peru 136 Tonnen Rohgold in die Schweiz. Damit lag das Land an sechster Stelle der Schweizer Goldimportstatistik.

Schwere Klunker: Im Jahr 2021 wurden weltweit ca. 2200 Tonnen Gold zu Schmuck verarbeitet. Dies entspricht 55 Prozent der gesamten Goldnachfrage.

Verschleierte Goldimporte

Dubai, Vereinigte Arabische Emirate. Die derzeit ca. 2500 Tonnen Importrohgold der Schweiz werden aus einer grossen Anzahl Länder bezogen. Unter den Top Five finden sich neben dem Vereinigten Königreich, Hongkong und den Vereinigten Arabischen Emiraten auch weitere Länder, die nicht für ihre Goldvorkommen bekannt sind. Wie die Schweiz fungieren diese Länder als Handelsplätze, die dem Rohgold auf seiner Reise um die Welt neue Identitäten geben und so die eigentliche Herkunft verschleiern. Insbesondere die Vereinigten Arabischen Emirate haben sich diesbezüglich zu einem zentralen Umschlagplatz entwickelt. Ein Grossteil des Goldes wird illegal aus afrikanischen Ländern und anderen Regionen exportiert und in den Vereinigten Arabischen Emiraten umdeklariert.

Diese Umwandlung findet entweder in emiratischen Goldraffinerien oder auf dem Goldmarkt in Dubai statt. Letzterer gilt als Drehscheibe für illegales Gold, häufig »Konfliktgold« aus afrikanischen Ländern. Emiratische Unternehmen kaufen dieses Gold über eigene Einkaufsbüros auf. Auch die Goldraffinerie in Balerna hat Geschäftsbeziehungen zu emiratischen Firmen. Es ist anzunehmen, dass so »gereinigtes« Konfliktrohgold die Schweizer Grenze und die Fabriktore passiert, um dann spurlos mit anderem Gold zu verschmelzen. Bei Goldbarren erhält dieser doppelte Reinigungsprozess durch die Prägemaschine sein vorläufiges Ende: Firmenlogo, Gewicht, Feinheit und Herstellerbezeichnung verleihen den Rohlingen eine unbedenkliche Identität.

(Un-)Sichtbare Warenströme

Bern, Schweiz. Lange Zeit trug der Schweizer Staat aktiv dazu dabei, dass die globalen Verwicklungen der Schweizer Goldraffinerien unsichtbar blieben. Der Handel mit Gold und anderen Edelmetallen war von der Aussenhandelsstatistik ab 1981 ausgeklammert, wodurch dazu keine Daten mehr veröffentlicht wurden. Die erbitterte Konkurrenz der beiden Finanzplätze Zürich und London sowie politisch umstrittene Goldimporte aus dem Apartheidstaat Südafrika gelten als Gründe für diese Massnahme. Seit 2014 sind die Daten des Goldhandels wieder öffentlich zugänglich. Quasi über Nacht machte die Eidgenössische Zollverwaltung Warenströme wieder sichtbar, die bis zu 20 Prozent des gesamten Schweizer Aussenhandelswerts ausmachen.

Seit einigen Jahren versuchen Nichtregierungsorganisationen, Regierung und Industrie, die Goldwarenkette mit einem eigens geschaffenen Standard nachhaltiger zu machen. Auch die Goldraffinerie in Balerna ist an diesem Prozess beteiligt. Allerdings gilt derzeit nur ein Tausendstel der Gesamtimportmenge als mit dem Swiss-Better-Gold-Standard zertifiziert.

Die Valcambi Goldraffinerie in Balerna hat viele Identitäten: sicherer und effizienter Veredelungsort edler Metalle; schweigsame Akteurin in einer umstrittenen und problematischen Warenkette und Importeurin von Rohgold, dessen Herkunft nicht immer eindeutig belegt werden kann; Arbeitsplatz für 170 Menschen; verantwortungsvolles Mitglied in Multistakeholder-Initiativen ... Es ist unmöglich, auch nur ansatzweise über diesen Schweizer Ort nachzudenken, ohne die halbe Welt ins Spiel zu bringen. Nur wenn man sich Orte auf diese Weise – als Weltort – vorstellt, wird man dem global-lokalen Charakter unserer Schweiz gerecht.

Wegbeschreibung

Mit dem Zug nach Mendrisio, Stazzione, dann mit dem Bus 15 Minuten in Richtung Chiasso, Stazzione, Ausstieg Balerna, Passeggiata und dann sind es noch ca. 100 Meter bis zum Fabriktor.

Christian Berndt ist Professor für Wirtschaftsgeografie an der Universität Zürich. Er setzt sich kritisch mit globalen Lieferketten und Vermarktlichungsprozessen auseinander und beschäftigt sich derzeit mit der globalen Pestizidindustrie und den Agrarrohstoffmärkten. Als Geograf kämpft er seit 30 Jahren gegen eine nach innen gerichtete, auf Abgrenzung basierende Globalisierungskritik.

Ein echter Zauberberg

Ascona (TI)

Claude Raffestin

Ein Ort lässt sich beschreiben, er ist aber vor allem ein Abenteuer, das erzählt, gesungen und sogar getanzt werden kann. Diese Art von Abenteuer erlebte ich, als ich mit 20 Jahren Ascona entdeckte, zu einer Zeit, als ich noch wenig gereist war. Dies kann meine anfängliche Begeisterung und eine gewisse Naivität erklären, zu denen ich mich auch heute noch vollends bekenne.

Der Ort war zunächst kein genaues Bild, sondern vielmehr ein Wunder, dessen Elemente ebenso sehr der Realität wie den Träumen, die ich von anderen Orten hätte haben können, entlehnt zu sein schienen. Sofort kamen mir mediterrane Bilder in den Sinn. Der Hintergrund des Lago Maggiore sah genauso aus wie eine kleine Meeresbucht, die ich auf einer Fotografie gesehen hatte. Das gepflasterte Ufer des Sees erinnerte an einen Teil eines Mittelmeerhafens. Wären da nicht die Berge, ohne grosse Niederungen, bliebe das mediterrane Gefühl immer noch sehr präsent, zusätzlich gestützt durch die Architektur der Häuser. Auch die kleinen Läden und Gaststätten versprühten, trotz ihrer Lage am Südhang der Alpen, meridionales Flair.

So bringt ein Ort stets einen anderen mit sich, bleibt aber dennoch er selbst und erweckt dadurch ständig neue Emotionen: Ein Ort ist immer sowohl in der materiellen Realität als auch in imaginären Konstruktionen vorhanden.

Ein Ort mit zwei Gesichtern

Ascona ist ein Ort mit zwei Gesichtern, denn neben dem stabilen und ruhigen Alltag gibt es (oder gab es) den Monte Verità, der den Einwohnern die intellektuelle, abstrakte und überraschende Seite des Ortes immer wieder vor Augen führte und illustrierte. Diese haben sich jedoch nie allzu sehr darum gekümmert.

Anfang des 20. Jahrhunderts liess sich ein wohlhabender junger Holländer auf der Suche nach einem geeigneten Ort zur Neugestaltung seines Lebens hier nieder. Künstlerinnen, Philosophen, Schriftstellerinnen und Gelehrte folgten ihm. Westliche Welt und östliches Denken brachten den Osten und den Westen einander näher. Unter den Autoren und Autorinnen, die den Monte Verità besuchten, waren Hermann Hesse, Carl Gustav Jung und viele mehr. Das ursprüngliche Projekt von Monte Verità bestand darin, die Idee des Lebens in einer Kommune, der Natur und der Nacktheit weiterzuentwickeln: Arbeit auf dem Land oder im Garten, die Liebe zur Natur und der Nudismus bildeten die drei Schwerpunkte der täglichen Aktivitäten dieser jungen Menschen, deren Leben der Sonne, dem Wasser und dem Vegetarismus gewidmet war, um der

Hektik der Grossstadt zu entfliehen. Hinzu kamen noch die freie Liebe und offene Beziehungen. Wir finden in dieser Mischung, zwischen Dekadenz und Erneuerungsdrang, die Hauptthemen von Thomas Manns *Der Zauberberg*.

Man kann sich vorstellen, wofür der Monte Verità vor mehr als einem Jahrhundert im Dorf Ascona mit seinen 900 Einwohnern und Einwohnerinnen – beruflich fast alle als Fischer oder Bäuerinnen tätig – gestanden haben muss!

Ein Ort ist für mich also nicht etwas, das es zu beschreiben gilt, denn vielmehr beschreibt er mich. Und zwar genau in dem Masse, in dem er mir immer wieder Gefühle und Empfindungen andeutet, die ich nicht erfahren würde, würde ich nicht in diesen Ort eintauchen. Mit anderen Worten: Es ist der Ort, der das Subjekt, das ihn beobachtet, entwickelt, indem er ihm offenbart, was es noch nicht über sich weiss.

Langlebig: Der Monte Verità war im Laufe seiner Geschichte immer wieder Schauplatz kultureller Begegnungen, an denen Grössen wie Hermann Hesse, Carl Gustav Jung und Thomas Mann beteiligt waren. Auch heute noch werden solche Momente der Zusammenkunft und des Austauschs unter dem Titel »Eranos Tagungen« veranstaltet.

Auf dem Weg zu einer Definition des Begriffs »Ort«

Der Ort ist also alles andere als trivial. »Ort« ist ein Wort, das in die Zusammensetzung vieler anderer Wörter eingeht. Und dies ist zweifellos der Grund, warum ihm Alain Rey in seinem etymologischen Wörterbuch *Dictionnaire historique de la langue française* eine Doppelseite widmet.

Was ist schliesslich ein Ort? Die Definition scheint einfach: »ein bestimmter Teil des Raums«. Sie drückt aber im Grunde nicht viel mehr aus als eine Materialität, die es zu definieren, und eine Immaterialität, die es zu entdecken und zu erforschen gilt.

Wenn man darüber nachdenkt, existiert dieser bestimmte Teil des Raums nur durch das Subjekt, das ihn bewohnt, und erhält erst dadurch eine Bedeutung. So ist über das Wohnen zu sprechen etwas anderes, als die alltägliche Atmosphäre einer Gesellschaft in ihrem Wohnraum zu beschreiben. Wenn der Ort zunächst die Entdeckung einer materiellen Einheit mit ihren Ideen, Formen, Farben und Düften ist, wird er sehr schnell zu einem Gegenstand der Reflexion, an den sich Bilder und Erinnerungen knüpfen. Der Ort wird alsbald gedacht, erinnert und manchmal mythisiert, wie gleich er geschrieben, gezeichnet, gemalt oder gar besungen wird. Derselbe Ort ist Teil der mentalen Biografie aller Subjekte, die ihn bewundert oder gehasst haben. So ist der Ort ein materielles Objekt, eine emotionale Konstruktion oder eine wissenschaftliche Erkenntnis.

Der Ort ist für jede Person anders und die Bilder, die sie davon bewahrt, ebenfalls. Diese Beobachtung geht zurück auf Albertus Magnus, den berühmten Theologen, der der Ansicht war, dass der ideale Ort des Individuums mit den genauen geografischen Koordinaten seines Geburtsorts zusammenfällt. Dies ist eine Art, die Bewohnbarkeit eines Ortes auszudrücken. Von diesem ursprünglichen Ort aus werden alle Bilder von Orten geschaffen, die uns im Laufe unseres Lebens begegnen werden.

Wegbeschreibung

Vom Bahnhof Locarno ist Ascona mit dem Bus in 10 Minuten erreichbar. Vom Zentrum Asconas aus ist der Aufstieg auf den Monte Verità zu Fuss in einer halben Stunde zu schaffen. Auf dem Monte Verità bietet das Casa del Tè exquisite chinesische und japanische Tees in angenehmer Atmosphäre.

Claude Raffestin unterrichtete Politische Geografie, Humanökologie und Landschaftstheorie an der Universität Genf, dem Polytechnikum Turin, der Akademie von Mendrisio und der Université Laval in Quebec. Er ist Autor von Büchern und theoretischen Artikeln u. a. über die Geografie der Macht, Grenzen und Landschaften.

Durchgangsort Tellskapelle

Restaurant Tellsplatte, Sisikon (UR)

Susan Thieme

Auf dem »Weg der Schweiz« auf der Ostseite des Urnersees befindet sich südlich des Dorfes Sisikon die Tellskapelle. Hier sprang der Sage nach Wilhelm Tell vom Boot des habsburgischen Landvogts Gessler. Der Basler Maler Ernst Stückelberg hat diese Szene neben anderen in der Kapelle als Fresko dargestellt. Im Sommer 1995 verbrachte ich viele Mittagspausen auf den Stufen vor der Kapelle, als ich einige hundert Meter bergauf während dreier Monate in einem Hotel arbeitete. Damals, mit 18 Jahren, hatte ich gerade meine Matura abgeschlossen und wollte Geld für mein im Herbst beginnendes Studium verdienen. Gefunden hatte ich die Adresse des Hotels in einem Buch mit dem Titel *Arbeiten im Ausland* in der Buchhandlung meiner Heimatstadt Freiberg in Sachsen, sechs Jahre nach dem Mauerfall in Berlin. Auf meine auf der Schreibmaschine geschriebene Bewerbung folgte nach kurzer Zeit ein kurzer Brief mit einem Arbeitsangebot und Vertrag.

Direkt an der Axenstrasse Richtung Italien gelegen, waren und sind Hotel und Restaurant ein Durchgangsort und Beispiel für unterschiedliche Formen von Mobilität und Migration. Viele Menschen hielten auf der Durchfahrt mit dem Auto für einen kurzen Kaffee und täglich kamen viele Touristinnen und Touristen in Reisebussen, um die Kapelle zu sehen. Das Hotel war aber auch ein Ort der Arbeit, besonders von Menschen, die nicht aus der Schweiz kamen. Die Leitungspositionen wie Direktion, Hauswirtschaft, Restaurant und Rezeption waren von gebürtigen Schweizern besetzt, fast alle anderen Stellen von Menschen aus dem Ausland. Viele Angestellte arbeiteten seit Jahren jede Saison im Hotel, aber mit einer befristeten Aufenthaltsgenehmigung und dem damals gängigen Status als Saisonniers. Für die Hochsaison wurde zusätzliches Personal für den Zeitraum von drei Monaten befristet angestellt. So auch ich als angehende Studentin.

Mit diesem bis ins Jahr 2002 bestehenden Saisonnier-Status wurden in der Schweiz in Bereichen des Tourismus, des Bausektors und der Verarbeitungsindustrien kurzfristig ausländische Arbeitskräfte rekrutiert, die sich aber nicht langfristig niederlassen durften. Der Nachzug von Familie und eine längerfristige gesellschaftliche Integration waren nicht vorgesehen.

Das Politische im Hotelalltag

Wir Angestellten wohnten in einem kleinen maroden Holzhaus neben dem Hotel, teilten uns die Zimmer und ein altes Bad. Von meinem ersten Monatslohn wurden 500 Franken zurückbehalten, um sicherzugehen, dass ich den Dreimonatsvertrag nicht frühzeitig kündige.

Das Hotel war in dieser Zeit für mich wie eine Blase und ein Durchgangsort – gerahmt vom Urnersee und den Bergen mit Blick auf die Rütliwiese. Vor dieser Kulisse verrichteten wir unsere Arbeit und ich machte für mich prägende Erfahrungen zur Rolle von Migration von Arbeitskräften und die (Un-)Sichtbarkeiten von verschiedenen Arbeiten und Biografien. Menschen, die hinter den Kulissen reinigen, kochen und organisieren sind im Gastronomie- und Hotelalltag wenig sichtbar und ihr oftmals wenig attraktiver Lohn wird nur sehr selten mit Trinkgeld aufgestockt. Viele der Angestellten stammten aus Portugal oder aus Ländern mit grossen andauernden politischen Umbrüchen, in denen sich nationale Grenzen verschoben und Staatsangehörigkeiten verändert hatten – wie dem wiedervereinigten Deutschland oder Bosnien

und Herzegowina, Serbien, Kroatien. Diese Erfahrungen diskutierten wir oft in den kurzen Arbeitspausen.

Ich selbst arbeitete täglich an der Kaffeebar – eine der exponiertesten Arbeiten, die am meisten Trinkgeld brachte und durch die ich viele Menschen kennenlernte. Zum einen Menschen, die mich herzlichst an ihre Wohnorte einluden, um die Schweiz zu entdecken. Zum anderen aber auch Menschen, mit deren politischer Meinung ich kaum einverstanden war, wenn sie mir nicht nur erklärten, warum, sondern es auch gut fanden, dass Arbeitskräfte aus dem Ausland oft weniger verdienen oder Frauen erst 1971 und im Kanton Appenzell Innerrhoden sogar erst 1990 das Stimmrecht erhielten.

Tell:
[…] und drücke,
Mit allen Leibeskräften angestemmt,
Den hintern Gransen an die Felswand hin –
Jetzt schnell mein Schiesszeug fassend, schwing ich selbst
Hochspringend auf die Platte mich hinauf,
Und mit gewalt'gem Fussstoss hinter mich
Schleudr' ich das Schifflein in den Schlund der Wasser –
[…] So bin ich hier, gerettet aus des Sturms
Gewalt und aus der schlimmeren der Menschen. «

Friedrich Schiller: Wilhelm Tell, 4. Aufzug, 1. Szene

Gleich wie früher, aber anders

Für diesen Artikel war ich 26 Jahre später, im August 2021, an der Tellskapelle und im nahen Restaurant Tellsplatte. Die Speisekarte mit Cordon Bleu und Fitnessteller erinnerte mich an 1995. Das in die Jahre gekommene Hotel ist heute geschlossen und der Besitzer pensioniert. Das Restaurant mit dem beeindruckenden Blick von der Terrasse wird weiterhin betrieben, jedoch werden nicht mehr alle Teile genutzt. Bedingt durch die Covid-19-Pandemie hatte sich das Aufkommen von Durchreisenden und damit auch der Bedarf nach Arbeitskräften stark verändert. Der Pächter des Restaurants zeigte sich vorsichtig optimistisch, dass das Hotel bald renoviert und wieder geöffnet werde.

Was bleibt, ist, dass in der Schweiz bis heute viele Wirtschaftsbereiche auf Arbeitskräfte aus dem Ausland angewiesen sind. Obwohl diese Menschen einen sehr wichtigen Beitrag zum gemeinschaftlichen Leben leisten, sind ihre Chancen und Rechte im politischen, wirtschaftlichen und sozialen Leben sehr ungleich verteilt. Warum und unter welchen Umständen Menschen mobil sind und migrieren (oder auch nicht), ist nicht nur in der Schweiz, sondern generell in unserer globalisierten Welt sehr ungleich verteilt. Dies reicht von Menschen mit fast ungehinderten Möglichkeiten zu reisen, an anderen Orten zu arbeiten oder zu studieren bis hin zu Menschen, die selbst in Notsituationen keinerlei Ressourcen haben, überhaupt zu fliehen, oder nur unter sehr prekären und gefährlichen Umständen mobil sind. Die Forderung nach einem gerechteren Zugang zu Mobilität und Migration für alle Menschen auf der Welt bleibt ein grosses Politikum.

Wegbeschreibung

Von Bern aus in ca. zweieinhalb Stunden mit dem Zug über Zürich und Zug nach Sisikon. Von dort entweder aufs Schiff oder gemütlich 45 Minuten entlang des Sees zur Tellskappelle wandern und sich nach einem kurzen Aufstieg im Restaurant Tellsplatte mit dem Ausblick von der Terrasse belohnen.

Die Tellskapelle liegt am »Weg der Schweiz«. Es lohnt sich weitere Teile der sehr gut erschlossenen Route per Bahn, Bus, Schiff und Fuss zu entdecken.

Susan Thieme ist Professorin für Geografie. Sie forscht zu Fragen von Nachhaltigkeit rund um die Themen Arbeit, Migration und Mobilität und interessiert sich für Zusammenarbeiten zwischen Wissenschaft und Kunst. Sie reist sehr gern, am liebsten nur mit Handgepäck, ungeplant und neugierig darauf, wo die Tipps der Menschen vor Ort sie hinführen.

Streiken im virtuellen Raum

@fem.streikkollektiv.bern

Elisabeth Militz

Ich habe den Instagram-Account @fem.streikkollektiv.bern aufgesetzt, weil ich eine von denen bin: Wenn etwas nicht auf Instagram auftaucht, dann ist die Wahrscheinlichkeit hoch, dass ich es nicht mitbekomme«, erzählt Lirija, Mitglied des Feministischen Streikkollektivs Bern, bei meinem Besuch im Büro des Streikkollektivs im Monbijou-Quartier.

Einige Wochen zuvor bat ich Lirija über die private Nachrichtenfunktion auf Instagram um ein Treffen. Während unseres Gesprächs im Streikbüro, das vor allem als Lager und Treffpunkt dient, stehen wir durch den ständigen Kontakt zu unseren Smartphones mit einem virtuellen Fuss auch in den digitalen Räumen Instagrams. Während Lirija von den Aktionen des Kollektivs berichtet, wandert mein Blick zum Fenster, wo violette Streikflaggen und mit dem Logo des feministen Streiks bedruckte Turnbeutel und Becher die Fensterbänke und -scheiben besetzen.

Lirija öffnet Instagram, um mir einzelne Storys und Posts des Accounts @fem.streikkollektiv.bern zu zeigen.

Ein digitales Archiv weckt Erinnerungen

Auf den Posts erkenne ich unter anderem den Waisenhausplatz, den Bundesplatz und eine Menschenkette, die sich am feministischen Streiktag 2021 ihren Weg über die Kornhausbrücke bahnte. Ich klicke auf die gespeicherte Story »2021«: Im Abstand von wenigen Sekunden erscheinen geteilte Posts, die vor dem Streiktag zum Mitmachen aufriefen und über Programmpunkte am Streiktag informierten. Dann folgen einige 15 Sekunden lange Videoaufnahmen vom Streikgeschehen am 14. Juni 2021 selbst. In den Videoausschnitten kann ich die Reden und Forderungen der Streikenden von damals nochmals nachverfolgen.

Meine eigenen Erinnerungen an den Streiktag blitzen vor meinem inneren Auge auf: Es ist ein sonniger Junitag. Im Laufe des Nachmittags füllt sich der Waisenhausplatz mit Menschen, die gemischte Erwartungen und Gefühle mitbringen: Wut, Freude, Erleichterung, Spass … Viele tragen ein lilafarbenes Kleidungsstück oder schwenken die Streikflagge. Auf einmal bin ich mental wieder mittendrin im Streikgeschehen. Mein Körper befindet sich, während ich den Account durchforste, aber immer noch im Streikbüro im Gespräch mit Lirija. Der digitale Raum des @fem.streikkollektiv.bern entfaltet sich durch das Verschmelzen meines Körpers im Streikbüro mit den Posts und Storys auf Instagram, die vom Streiktag erzählen und meine eigene gelebte Erinnerung an diesen Tag zurückbringen.

Zum feministischen Streik am 14. Juni 2019 versammelten sich mehr als eine halbe Million Menschen in verschiedenen Städten in der Schweiz. Damit war er die seit über 100 Jahren grösste politische Aktion des Landes. Weiterhin treibt er jährlich am 14. Juni protestierende Menschen auf die Strassen und Plätze der Schweiz.

Instagram als Medium,
das Forderungen sichtbar macht

Der Instagram-Account @fem.streikkollektiv.bern ist ein Ort, der die Forderungen für eine solidarische, gleichberechtigte und gewaltfreie Gesellschaft in die digitale globale Öffentlichkeit trägt und dort sichtbar, erfahrbar und verhandelbar macht: u. a. Gleichstellung, Geschlechtsidentität, körperliche Selbstbestimmung oder auch faire Löhne und Verbesserung der Lebensbedingungen. Regelmässige Posts und Storys sollen zum Mitwirken im Kollektiv und zur Teilnahme am jährlichen Streik am 14. Juni und an nationalen Wahlen mobilisieren.

Mit einem Post lassen sich Aufbruchsstimmung, Gemeinsamkeit und Information vermitteln, sagt Lirija: » Mit den Bildern, die ich für einen Post auswähle, versuche ich immer zu motivieren, sodass andere das Gefühl haben ›Da muss ich auch hin!‹. « Bei den Followerinnen und Followern das Bedürfnis zum Mitmachen auszulösen ist zentral, denn der feministische Streik entfaltet seine Kraft vor allem durch die Masse und die Nähe zwischen Menschen zu einem bestimmten Zeitpunkt auf der Strasse. Über den Instagram-Account lassen sich Informationen zum Streik in Echtzeit und über den Standort Bern hinaus verbreiten.

Ein Account – viele Realitäten

Der digitale Ort @fem.streikkollektiv.bern spiegelt nicht aussschliesslich die Logik des Kollektivs selbst wider, denn der Account ist aus der Initiative einzelner Kollektivmitglieder heraus entstanden und entwickelt sich organisch. » Wenn du im Kollektiv eine neue Idee hast und genug Ressourcen und/oder Mitstreiterinnen und Mitstreiter für die Umsetzung findest, dann entsteht so etwas wie der Instagram-Account «, erklärt Lirija.

Digitaler feministischer Aktivismus auf Instagram bedeutet ausserdem Arbeit: Lirija und ihre Mitstreiterinnen und Mitstreiter investieren wöchentlich Zeit und Ideen. Auf der Plattform selbst wird diese Arbeit kaum sichtbar. Die eigene Rolle bei der Herstellung und Verfestigung globaler Ungerechtigkeiten in digitalen Räumen nicht aus dem Blick zu verlieren ist dabei nur eine der Herausforderungen, der sich die Aktivistinnen und Aktivisten am digitalen Ort @fem.streikkollektiv.bern kontinuierlich stellen.

Wegbeschreibung

Über die Instagram-App bzw. den Browser das Profil @fem.streikkollektiv.bern finden. Besonders schön ist das Scrollen durch das Profil, wenn man vom Bahnhof Bern die Belpstrasse hinunter zum Eigerplatz läuft und dann im Schatten der Bäume auf dem kleinen Kiesplatz auf einer Bank Platz nimmt. Blickt man nun auf den vierstöckigen Kastenbau gegenüber, zwischen Belpstrasse und Philosophenweg, kann man mit etwas Glück die violetten Streikflaggen in einem der Fenster erblicken.

Elisabeth Militz ist feministische Kultur- und Politikgeographin und forscht an der University of Guelph in Kanada. Ihre Arbeit zentriert die Gefühlsräume und körperlichen Erfahrungen sozialer Medien und von Identitätsprojekten wie Nationalismus. Mit dem Kopf unter Wasser im Lake Ontario schwimmend, vermisst sie manchmal das sanfte Knistern der Kieselsteine auf dem Aaregrund.

Zollikofen, 1000 m ü. M.

Atmosphäre über dem Schweizer Mittelland, Zollikofen (BE)

Stefan Brönnimann

Wir stehen auf einem Feldweg in Zollikofen bei Bern, links ist ein Feld, rechts eine Weide, über uns kreisen Raubvögel. Wir sind hier, um mit einer Drohne Wärmebildaufnahmen zu machen. Mitten in der Weide befindet sich ein quadratischer abgezäunter Bereich, darin die MeteoSchweiz-Station Bern/Zollikofen sowie die Wetterstation unserer eigenen Forschungsgruppe an der Universität Bern, die Referenz unseres Stadtklimamessnetzes. An diesem Sommertag wollen wir mit Studierenden die thermischen Eigenschaften der Flächen rund um die Station erfassen.

Die Drohne surrt und hebt ab. Dass wir hier überhaupt fliegen können, ist nicht selbstverständlich, denn in der Atmosphäre über Zollikofen treffen unterschiedlichste Nutzungsansprüche aufeinander. Das zeigt schon nur ein Blick auf die Luftfahrtkarte. Der Luftraum über Zollikofen liegt in der Anflugschneise des Flughafens Bern-Belp und gehört zur » Kontrollzone eines Schweizer Flugplatzes «; Drohnen dürfen ohne Bewilligung nur 150 Meter hoch steigen. Daran halten wir uns. Über der Altstadt von Bern beginnt dann die Flughafenzone: Dort, weniger als 5 Kilometer vom Flughafen entfernt, sind Drohnenflüge ganz verboten und Ausnahmebewilligungen schwierig zu erhalten. Auch über dem oberen Wohlensee sind Drohnenflüge zum Schutz der dort nistenden Vögel untersagt. Die Sicherung und Verwaltung des Luftraums obliegt Skyguide, einer privatrechtlichen Aktiengesellschaft im Besitz der Eidgenossenschaft.

Mittlerweile ist unsere Drohne auf die vorgesehene Flughöhe von 70 Meter gestiegen und beginnt ihre programmierte Flugroute über die Felder rund um die Meteo-Station. Die Sonne scheint, es ist trocken, der Himmel etwas dunstig, es hat nur wenig Wind. Die Bedingungen sind also gut. Drohnen sind in kurzer Zeit zu einer wichtigen Messplattform geworden. Sie sind klein und beweglich, denn die Messgeräte und Kameras sind leicht geworden. Ich erinnere mich an die Fesselballonaufstiege, bei welchen ich in den 1990er-Jahren als Student mitgeholfen habe. Am 55 Kubikmeter

grossen, mit Helium gefüllten Ballon baumelte eine Autobatterie, die die mitgeführ-
ten, sperrigen Geräte mit Strom versorgte. Ein Grund für die damaligen Messungen
war eine weitere » Nutzung « der Atmosphäre: das Wegführen von Schadstoffen. In
den Resultaten solcher Messungen sah man die Abluftfahnen der Städte des Schweizer Mittellands.

Unterschiedlichste Nutzungs- ansprüche treffen aufeinander

Mit freifliegende Ballonen kann bis 30 km Höhe gemessen werden. Ergänzend dazu
wird Fernerkundung im Mikrowellenbereich eingesetzt. Mittlerweile drängen sich
aber auch kommerzielle Anwendungen wie zum Beispiel Car-to-Car Communication
in diesen Frequenzbereich und stören die atmosphärischen Messungen. In dieser Aus-
einandersetzung um Frequenzen haben die Atmosphärenwissenschaften nicht immer
die besten Karten.

  Die Drohne hat in 15 Minuten ihre Route abgeflogen, die Batterie ist halb
leer. Wie programmiert kehrt sie zu uns zurück und beginnt mit dem Sinkflug. Kurz
darauf landet die Drohne zielgenau vor unseren Füssen. Der Flug war problemlos.

  Die Nutzung der Atmosphäre über Zollikofen zur Signalübermittlung ist
nicht neu. Daran erinnert der Bantiger im Hintergrund. Auf dem Gipfel befand sich in
früheren Zeiten ein » Chutz «, ein Signalfeuer. Im 15. Jahrhundert errichtete der Staat
Bern dieses Hochwachtsystem zur Warnung vor Gefahren. Die Hochwacht auf dem
Bantiger hatte eine Sichtverbindung zum Münsterturm. Im 19. Jahrhundert wurde der
Bantiger ein Triangulationspunkt (Beobachtungspunkt) zur Vermessung der Schweiz.
Nachdem die Fussballweltmeisterschaft 1954 unter anderem über Sendeanlagen auf
dem Bantiger live im Fernsehen übertragen wurde, erfolgte im selben Jahr der Bau eines
60 Meter hohen Fernsehturms. Dieser wurde 1992 durch einen neuen, 192 Meter hohen
Fernseh- und Radioturm ersetzt, der heute noch von der Swisscom betrieben wird. Die
Atmosphäre über Zollikofen ist somit durchdrungen von elektromagnetischen Signalen.

In der Meteostation in Zollikofen wird auch die Radioaktivität gemessen.
Durch die Messung kann ein grosses Spektrum an möglichen Gefahren über-
wacht werden: vom Umgang mit radiologischem Material und Störfällen an
Kernkraftwerken im In- und Ausland über Kernwaffenexplosionen bis hin zu
Nuklearterrorismus.

Mobilfunkfirmen liefern
Niederschlagsdaten

Drahtlose Signalübermittlung hat für die Atmosphärenwissenschaften auch Vorteile. Richtfunkantennen der Mobiltelefonie liefern Information. Die verwendeten Wellenlängen liegen im Millimeterbereich und sind damit ähnlich gross wie Regentropfen. Bei Regen muss die Antenne mehr Leistung abstrahlen, denn Regentropfen verringern das Signal – ärgerlich für Mobilfunkfirmen, nützlich für die Wissenschaft. Anhand von Daten über Sende- und Empfangsleistung der Antennen kann so nämlich die räumliche Niederschlagsverteilung hergeleitet werden, genau wie bei einem Niederschlagsradar. Als günstige Alternative zu einem Radarnetz hat diese Methode weltweit grosses Potenzial. Mittlerweile ist die Entwicklung über Tests hinausgelangt, es gibt erste Datenprodukte.

Wir laden die Daten der Drohne auf unsere Computer. In den 15 Minuten hat die Kamera Hunderte von Bildern aufgenommen. Diese müssen nun zu einem Mosaik zusammengefügt werden. Deutlich zeichnet sich der Feldweg ab, daneben der Baum. Wir sehen die etwas kühleren Felder, die Weide mit der meteorologischen Station, deren auf 5 Zentimeter geschnittener Rasen leicht wärmer ist als die ungemähte Weide. Die Daten werden für uns nützlich sein, um die Temperatur städtischer Oberflächen damit zu vergleichen und um Einflüsse der Umgebung auf die Wetterstation in Zollikofen zu beurteilen.

Unsere Mission ist beendet: Wir haben die Atmosphäre über Zollikofen für wissenschaftliche Ziele genutzt, also überlassen wir sie wieder den Raubvögeln.

Wegbeschreibung

Mit dem Velo vom Bahnhof Bern auf der Tiefenaustrasse nach Worblaufen, beim Kreisel geradeaus, dann rechts über die Bahngleise und auf dem Burgerweg hinauf zum Inforama Rütti. Die Wetterstation liegt ca. 200 Meter nordöstlich davon und ist nicht zu übersehen.

Stefan Brönnimann ist Professor für Klimatologie an der Universität Bern. Detektivisch rekonstruiert er das globale Wetter und Klima der letzten 100 bis 600 Jahre und findet immer wieder Überraschendes und Lehrreiches. Im Herbst nimmt er sich jeweils ein paar Tage Zeit, um in Zeneggen zu entspannen – eine Familientradition seit hundert Jahren.

Die Schweiz der Hobbits

Lauterbrunnental (BE)

Romain Valadaud

Dass die Literatur der Schweizer Landschaft viel zu verdanken hat, ist unbestreitbar. Die Romantik, besonders in England, ist stark von den idyllischen Szenen geprägt, die britische Künstler im 18. und 19. Jahrhundert in der Schweiz entdeckten. Insbesondere der Dichter Lord Byron lieferte uns schöne Gedichte rund um diese Berglandschaften. Weniger bekannt ist jedoch der Einfluss dieser Landschaften im Fantasy-Genre der Literatur. Im Herzen der Schweizer Berge verstecken sich nämlich auch Elfen, Zauberer und Drachen … Und mit dem Vater dieser Literaturgattung machen wir uns auf die Suche nach ihnen. John Ronald Reuel Tolkien, der Autor von *Der Herr der Ringe*, schrieb nämlich im Jahr 1968 in einem Brief an seinen Sohn: »Ich […] freue mich, dass du die Schweiz kennengelernt hast, und genau die Orte, die ich einst am besten kannte und die mich am meisten berührt haben. Die Reise des Hobbits (Bilbo) von Bruchtal auf die andere Seite des Nebelgebirges, einschliesslich des Sturzes über rutschige Steine in den Kiefernwäldern, basiert auf meinen eigenen Abenteuern im Jahr 1911 […].«

Im Schatten der Schweizer Giganten

In der Tat war der 19 Jahre junge Tolkien, der gerade an der renommierten Universität Oxford angenommen worden war, im Sommer 1911 auf dem Weg zu einer Wanderung durch das Berner Oberland und das Wallis, begleitet von seiner Tante, seinem jüngeren Bruder und einer Gruppe von etwa zehn weiteren Briten. Mit dem Zug über Paris, Zürich und Interlaken angereist, entdeckte der junge Tolkien bei strahlendem Sonnenschein die schneebedeckten Gipfel von Mönch, Eiger und Jungfrau. Diese Eindrücke blieben dem jungen Engländer in Erinnerung und dienten ihm als Inspiration für die Berge Mittelerdes. Dazu reicht es aus, sich die Namen bestimmter Gipfel des Nebelgebirges anzusehen. Der Caradhras beispielsweise, der den Weg zur Gemeinschaft des Rings versperrt, heisst in der Gemeinsprache auch Rothorn und weist eine verblüffende Ähnlichkeit mit dem berühmten Brienzer Rothorn auf. Darüber hinaus sehen einige literarische Kommentatoren grosse Ähnlichkeit in der Erscheinung des Einsamen Berges (Erebor) mit dem Matterhorn. Schliesslich schreibt Tolkien im gleichen Brief an seinen Sohn: »[...] und das Silberhorn stand scharf gegen den dunkelblauen Himmel: die Silberzinne (Celebdil) meiner Träume.« Einmal mehr stellt er damit die Verbindung zwischen einem Schweizer Berg und einem Berg seiner Vorstellungen her.

Auf seiner Reise durch die Schweiz scheint Tolkien viel geträumt zu haben. Begleitet von einheimischen Reiseleitern liess sich die Wandergruppe, die oft auf Bauernhöfen übernachtete, von der Geschichte und den lokalen Legenden in den Schlaf wiegen. Der angehende Autor wird sicherlich von der Gefahr des Föhnsturms gehört haben, der 1891 einen Grossbrand in der damals aus Holzhäusern bestehenden Gemeinde Meiringen verursachte. Und schon kann man sich den Hauch heisser Luft vorstellen, der dem wütenden Feuerangriff vorausgeht, den der Drache Smaug auf das friedliche Esgaroth ausübt, das an Interlaken erinnert. Auch wenn Tolkien sich nicht im Detail über diese Passage geäussert hat, stimmen seine literarischen Kommentatoren darin überein, dass es sich um eine Personalisierung des heissen Windes und eine Interpretation des in Meiringen Vorgefallenen handelt.

Tolkien ist nicht der erste Schriftsteller, der vom Lauterbrunnental verzaubert wurde. Nach seinem eigenen Besuch des Tals im Jahr 1779 verfasste Goethe ein Gedicht mit dem Titel *Gesang der Geister über den Wassern*. Darin vergleicht er die menschliche Existenz mit der Beziehung zwischen Wasser und Wind, wobei Ersteres die Seele und Letzterer das Schicksal darstellt.

Moderne Fantasy
und Schweizer Landschaften

Doch zweifellos prägte nichts den jungen Tolkien mehr als der Anblick des Lauterbrunnentals. Eines seiner Aquarelle des Bruchtals, durch das der geräuschvolle Bruinenfluss (in der Gemeinsprache Lautwasser) fliesst, entstand Jahre nach seiner Reise in die Schweiz und offenbart den Eindruck einer bemerkenswerten Schweizer Landschaft, die dem britischen Autor im Gedächtnis geblieben ist. Bei der Erfindung der Heimat der letzten Elfen Mittelerdes werden ihn daher die Klippen und Wasserfälle von Lauterbrunnen inspiriert haben.

Trotz historischer Recherchen bleibt es ein Rätsel, in welchem Ausmass die Schweiz als Inspiration in Tolkiens Werk diente. Hat er die Sammlung zu den stilisierten Pfahlbausiedlungen der Schweiz im Landesmuseum Zürich besucht? Haben die Erdrutsche, denen er bei seinem Besuch auf dem Aletschgletscher entkommen ist, ihn beim Entwerfen gewisser Missgeschicke, die den Hobbits im Nebelgebirge widerfahren, beeinflusst? Das ist schwierig zu sagen. Sicher ist, dass Tolkien als junger Erwachsener Teile der Schweiz in seine Erinnerung aufgenommen und mit anderen geografischen Inspirationen verknüpft hat und uns grossartige Fantasiegeschichten, die sich in dieser Traumlandschaft abspielen, lieferte. Seitdem hat Tolkiens Universum den Keim für viele Kunstformen, die aus seinem Werk hervorgegangen sind, gelegt: Literatur, Malerei, Comics, Kino und Videospiele. Die Fantasiewelt von Mittelerde wurde durch die Verfilmungen von Peter Jackson ins ferne Neuseeland übertragen. Ungeachtet dessen erlebt Fantasy auch im Rest der Welt einen Boom und bleibt, dank Tolkien, mit der Ästhetik der Schweizer Landschaften verbunden.

Wegbeschreibung

Vom Bahnhof Bern ist das Lauterbrunnental mit dem Zug in Richtung Interlaken Ost erreichbar. Steigt in Interlaken in den Zug um, der zum Dorf Lauterbrunnen fährt. Geht zu Fuss weiter durch das Tal und bewundert die Wasserfälle, bis ihr das Hotel Obersteinberg erreicht, wo der junge Tolkien 1911 übernachtet hat.

Romain Valadaud ist Geograf an der Universität Freiburg. Sein Forschungsschwerpunkt ist die Politische Geografie des Wassers und der Wälder. Sich für die Geografie eines Ortes zu interessieren bedeutet für ihn, die realen und imaginären Wesen zu erforschen, die ihn bewohnen. Deshalb reist er gerne zu Fuss durch die Schweiz, um sich die Zeit zu nehmen, den Geschichten zu lauschen, die Wälder, Flüsse und die menschliche Vorstellungskraft, die sie verzaubert, erzählen.

Mit dem Velo durch Schweizer Landschaften

Von den Berner Alpen hin zum Stockhorn bei Zermatt und bis ins wunderschöne Val Müstair in Graubünden – unsere Velotour durch die Schweiz offenbart majestätische Alpenlandschaften. Berge, Täler, Flüsse, Seen und Wälder: eine typische Schweizer Landschaft, vielleicht die am meisten in den Medien präsente – in der Literatur, in Gemälden, Spielfilmen und verschiedenen Wirtschaftszweigen.

Es gibt natürlich noch viele andere Landschaften in der Schweiz, von den Wäldern im Jurahochland über agrarisch geprägte Ebenen bis hin zu den Weinlandschaften und solchen, in denen sich kleine morphologische Besonderheiten verbergen, aber auch Stadt- und Industrielandschaften. Das Bundesamt für Raumentwicklung unterscheidet nicht weniger als 38 Landschaftstypen. Diese Vielfalt wird, über den Tourismus hinaus, auch als Indikator für die Lebensqualität gewertet.

Die Landschaft ist sowohl materielle Realität, die das beobachtende Auge mit seinem Blick erfasst, als auch subjektive Wahrnehmung der Betrachtenden: Nicht alle haben die gleichen individuellen und sozial geprägten Empfindungen. Die Diversität ermöglicht es, auch die Bandbreite der Wünsche und Bedürfnisse einer Gesellschaft zu befriedigen.

Diese Heterogenität wiederum macht den Reichtum der Schweiz aus. Denn die Landschaft ist ein Palimpsest, auf dem sich im Laufe der Zeit die Darstellungen der zeitgenössischen Gesellschaften einfügen. Landschaften sind Orte der Gegensätze, zwischen Stolz und Respekt, an denen die Modernität der Skilifte, die neueste Ausrüstung der Freizeitbergsteigerinnen und die traditionelle Arbeit der Bergbauern, die das Heu noch mit Sense und Rechen bereiten, aufeinandertreffen. Hier zeigen sich auch gegensätzliche Lebensstile: von den Bergbauern und -bäuerinnen, die zu den Geringverdienenden in der Schweiz gehören, bis hin zu wohlhabenden Touristinnen und Touristen, die alle Arten von Freizeitaktivitäten ausüben. Und hier heben sich die gesunden Körper von denen von Menschen mit Behinderungen ab. Denn selbst bei kostenloser Zugänglichkeit kann die soziale Diskriminierung von körperlich beeinträchtigten Menschen nicht ausgeschlossen werden.

Jeder Tritt in die Pedale über Berge und durch Täler bietet neue Panoramen, und in der Vielfalt der Wahrnehmungen und Erlebnisse kann die Schönheit der Landschaft ihren vollkommenen Wert entfalten. Schwindel überkommt uns, wenn wir erkennen, dass wir nur ein kleiner Teil dieser unendlich grossen Welt sind.

Einige von Diversität geprägte Orte:

Zum Permafrost am Stockhorn

Stockhornplateau (VS)

Cécile Pellet

Mit 3400 Metern Höhe ist das Stockhornplateau in der Region Zermatt kein leicht zugänglicher Ort. Im Sommer muss man einem langen, exponierten Weg folgen, der über den Gebirgskamm in der Verlängerung des Gornergrats führt. Im Winter fährt man, mit Skiern an den Füssen, mit den Skiliften des Skigebiets von Zermatt dorthin. Auf diese Art entdeckte ich diesen Ort zum ersten Mal, an einem schönen Tag im März. Es ist schwer, sich ein Bild von dem zu machen, was sich unter den eigenen Füssen befindet, wenn alles mit Schnee bedeckt ist. Das Stockhornplateau ist von einer glatten, gleichmässigen Pulverschneeschicht überzogen, die nur von einer Abfahrt für Variantenskifahrer unterbrochen wird. Nicht ein Stein ragt heraus. Nur zwei mit Geräten beladene Masten weisen darauf hin, dass man am richtigen Ort angekommen ist. Über dem Findelgletscher im Norden und dem Gornergletscher im Süden gelegen, bietet dieses Plateau einen atemberaubenden Blick auf die mythischen Berge der Region: den Monte Rosa und das Matterhorn. Im Sommer sieht der Ort ganz anders aus. Die Aussicht ist immer noch spektakulär, aber die gleichmässige Schneedecke weicht einer unordentlichen Oberfläche aus Felsbrocken, Geröll aus Steinen aller Grössen und Feinsedimenten. Die Fläche ist stellenweise mit Moos, kurzwüchsigen Grasbüscheln und sehr seltenen kleinen Blumen durchzogen. Das makellose Weiss des Winters verwandelt sich im Sommer in Grau- und Ockertöne und die Textur des Plateaus aus Vertiefungen und Hügeln wird freigelegt. Genau wie im Winter führt kein Weg durch diesen Ort, der dennoch jedes Jahr von einigen mutigen Wanderern besucht wird.

Ein unsichtbarer Schatz

Der Reiz des Stockhornplateaus liegt nicht nur in der spektakulären Aussicht, die uns die umliegende Landschaft mit aufmerksamem Blick beinahe ununterbrochen bewundern lässt. Genau unter unseren Füssen, unter dieser unebenen Oberfläche aus Felsen und Kieselsteinen, liegt nämlich der grosse Schatz des Ortes: der Permafrostboden, dieses unsichtbare Phänomen, das entsteht, wenn der Boden dauerhaft gefroren bleibt. Wie uns der Professor bei jenem ersten Winterbesuch erzählt, sind Permafrostböden in allen ausreichend kalten Regionen der Erde anzutreffen. In der Schweiz kommt er vor allem im Hochgebirge oberhalb von 2500 Metern vor, an schattigen Hängen, Felswänden oder in Geröllhalden. Er ist der Zement, der unseren Bergen ihre heutige Form verleiht und für ihre Stabilität sorgt. Wie die Gletscher, die das Stockhornplateau umgeben, hat sich auch der Permafrostboden vor mehreren tausend Jahren in einem Klima gebildet, das kälter war als das heutige. Seitdem hat er viele Veränderungen durchlaufen, an denen sich die Auswirkungen des Klimawandels genau ablesen lassen.

Es wird geschätzt, dass der Permafrost zwischen drei und fünf Prozent der Gesamtfläche der Schweiz ausmacht. Die Chancen stehen also gut, dass ihr ihn bereits unbemerkt betreten habt. Achtet beim nächsten Mal darauf!

Die Arbeit der Geografin

Es ist Anfang September, als ich mich erneut auf den Weg zu einem zweiten Stockhorn-Besuch mache. Dieses Mal handelt es sich um eine echte Expedition. Wir werden drei Tage vor Ort bleiben, eine brandneue Messstation installieren, bestehende Messungen wiederholen und sie auf die gesamte Oberfläche des Plateaus ausdehnen. Insgesamt müssen fünf Personen und etwa 300 Kilogramm Material auf das Stockhorn transportiert werden. All das, um ein unsichtbares Phänomen zu untersuchen, das jedoch den Boden an diesem Ort in einer Tiefe von mehr als 100 Metern beeinflusst. Diesmal überwinden wir die 2000 Meter Höhe zwischen Zermatt und dem Stockhorn mit dem Hubschrauber. Oben angekommen, raubt uns die spektakuläre Aussicht abermals den Atem. Nachdem wir unser Schlafquartier – ein beheiztes Skiliftgebäude ohne Trinkwasser – für die nächsten Tage bezogen haben, machen sich alle an ihre Aufgaben: Eine 1 Quadratmeter grosse und 70 Zentimeter tiefe Grube ausheben; neue Instrumente installieren; eine ebene und stabile Fläche für einen Mast finden, der dem harten Winter standhält; Metallstangen im Abstand von 2 Metern entlang von Linien, die das Plateau durchziehen, in den Boden schlagen; 200 Meter lange Stromkabel, die die Messungen überhaupt erst ermöglichen, transportieren und ausrollen; wiederholt mit einem Vorschlaghammer auf den Boden schlagen, um die seismischen Wellen zu messen. Wir haben nur drei Tage Zeit, um alles zu erledigen – wir arbeiten von Sonnenauf- bis Sonnenuntergang. Trotz all dieser Arbeit erlauben uns die gesammelten Daten nicht, den Permafrost mit unseren eigenen Augen zu sehen. Und auch die Wanderer, denen wir am zweiten Tag begegnen, bemerken den Schatz unter ihren Füssen nicht. Doch so wie wir das Wasser durch die Felsen des Plateaus fliessen hören, ohne es jemals zu sehen, ist auch der Permafrost am Stockhorn vorhanden. Versteckt und unbeachtet – vielleicht ist es genau das, was dieses Phänomen so interessant macht und Orten wie dem Stockhorn ein bisschen mehr Magie verleiht.

Wegbeschreibung

Fahrt vom Bahnhof Visp mit dem Zug Richtung Zermatt bis zur Endstation. Nehmt die Zahnradbahn bis zum Gornergrat, dann den Wanderweg Richtung Stockhorn, der über die Berggipfel Hohtälli und Rote Nase führt. Das in diesem Text beschriebene Stockhornplateau befindet sich in der Nähe der Skiliftstation und ist an den beiden dort befindlichen Messstationen erkennbar. Die Wanderung ist etwa 4 Kilometer lang und dauert auf dem Hinweg ca. 2,5 Stunden.

Cécile Pellet ist Forscherin in Physischer Geografie an der Universität Freiburg. Sie untersucht den Permafrost in den Schweizer Bergen und insbesondere seine Entwicklung als Reaktion auf den Klimawandel. Sie entdeckte ihre Leidenschaft für Geografie und die Phänomene, die Landschaften prägen, als sie von den Ufern des Genfer Sees aus, wo sie aufwuchs, die Berge beobachtete.

Jede Person findet ihren eigenen Gipfel

Champéry (VS)

Luc Tripet

Ich betrachte sie, fünfzehn Kugeln, die in der Mitte des Tisches in einem perfekten Dreieck ausgerichtet liegen, aber dennoch bereit sind, in alle Richtungen zu schiessen. Wenn ich darüber nachdenke, ist es wie mit der Schlange von Menschen, die sich im Winter am Fuss der Seilbahn drängt, um den Berg zu stürmen. Champéry und seine Skistation, was für ein touristischer Erfolg! Neulich habe ich mir die Mühe gemacht, nach Planachaux hinaufzusteigen. Ich, inmitten dieses Gewirrs aus Helmen, Skiern und Eispickeln, das die Gondelkabine füllt, die in der Luft und auch in der Zeit stehen geblieben zu sein scheint. Und dann öffneten sich die Türen, und diese flüchtige Komposition löste sich in einer bunten Bewegung in ihre Einzelteile auf, die dann die weisse Leinwand der Berge bevölkerten. Unter den letzten aussteigenden Personen befand sich ein Kind, das ganz in Himmelblau gekleidet war; in seinen Augen konnte ich das Staunen über diesen wolkenlosen Skitag erkennen.

Billard, eine Einladung zum Reisen

Ein Augenblick höchster Konzentration: Ich spiele die weisse Kugel und das Dreieck implodiert. Vereinzelt gleiten die bunten Kugeln in die Ecktaschen des Tisches wie über verschneite Hänge. Die meisten Touristen kommen zum Skifahren, doch leider fahre ich nicht Ski. Ich habe Champéry dagegen an einem Billardtisch entdeckt. Genau hier. Eine Person hatte mich eingeladen eine Partie zu spielen, daraus wurden dann zwei, dann zehn, dann zwanzig ... Die Bar heisst jetzt At'home, was für ein bezeichnender Name! In diesem Bergdorf fühle ich mich zu Hause. Geborgen. Ein Ort des Miteinanders, auch der Einfachheit – nicht nur des touristischen Trubels. Ich höre meinen Freund näher kommen, den Pistenwächter, und erkenne ihn an seinem unverkennbaren Akzent. Ich tauche wieder ein in die Erinnerung der besagten Nacht ... wir beide, vor Tagesanbruch, auf seiner Pistenraupe, die mit ihren Scheinwerfern eine unberührte Landschaft beleuchtete. Die Ruhe. Meine Augen leuchten immer noch, wenn ich daran denke, so wie die Sterne, unsere einzigen Begleiter während dieser stillen Erkundung.

Kindheitserinnerungen

Halbe oder Volle? Die ewige Frage. Jede Partie ist eine von Neuem begonnene Reise. An diesem Abend spiele ich die Vollen: Die Kugel mit der Nummer 2 ist in die mir gegenüberliegende Tasche versenkt worden. Ich stelle mir den Wasserfall vor, zu dem mich meine Eltern als Kind – trotz meiner eingeschränkten Mobilität – mitnahmen. Und das Barmaz-Plateau, so grün wie der Billardtisch! Ein fast monochromer Raum, nur spärlich mit ein paar Hütten durchsetzt. Und durch den der kleine Fluss fliesst, in den ich gerne meine Füsse tauchte. Sie verdienten diese Ruhe wohl, meine treuen Weggefährten, auch wenn sie mir nie erlaubt haben, das Val d'Illiez zu durchstreifen. Das Tal ist jedoch von Pfaden durchzogen, die zu Entdeckungen einladen. Folgt man dem Arête de Berroi, fühlt man sich wie ein Schmuggler, der sich in Kriegszeiten heimlich fortbewegt … Ja, das Leben war nicht immer friedlich. Champéry liegt am Fusse der schützenden Bergkette, der Dents du Midi, imposant und majestätisch. Touristen fotografieren sie von Montreux aus und tragen ihre Schnappschüsse zu Hause wie Trophäen zur Schau. Ich bewundere die Bergkette bei jeder Gelegenheit, aber ich finde, dass sie nie gleich aussieht: Sie lebt, sie vibriert! Ich habe das Gefühl, dass sie den Takt der Musik vorgibt, die an Konzertabenden über den Vorplatz der Kirche hallt.

Ein Dorf, leuchtende Gesichter

Die Partie geht weiter, und ich beobachte, wie die gelbe Kugel rollt und rollt – und vor dem Rand der gegenüberliegenden Tischecke zum Stehen kommt. Verdammt! Dann halt beim nächsten Zug. Auch ich muss meinen Kurs einschränken, aber das macht nichts: Wenn sich dort oben die Portes du Soleil, die Sonnentore, öffnen, dann liegt Champéry auf der Türschwelle. Ich war vorhin in der Bar des Guides. Eine Person reichte mir eine aufrichtige Hand, um meine unsicheren Schritte auszugleichen. Es war Après-Ski und die endlich von den Skimasken befreiten Gesichter leuchteten. Diese Echtheit. Ich führte ein Glas Bier an meine Lippen und erinnerte mich an meine Expedition zur Galerie Défago im letzten Sommer. Sie ist in den Felsen geschlagen und bietet einen atemberaubenden Blick über das Dorf; auch die Berge haben ihre Narben, die eher schön als schmerzhaft sind.

Der Verein Handiconcept bietet in Champéry, Villars und Les Diablerets verschiedene Kurse an, die auf Personen mit Behinderung zugeschnitten sind – für einen sportlichen Ausflug im Winter oder im Sommer, im Alleingang, zu zweit, sitzend oder aufrecht gehend!

Das Reisen als Art, im Raum zu sein

Ich stosse die letzte Kugel triumphal in ihren Unterschlupf – und habe das Spiel gewonnen! Es ist schon lustig: Die Philosophen Gilles Deleuze und Félix Guattari unterscheiden zwischen dem gekerbten, organisierten, geplanten Raum und dem glatten, nomadischen Raum, in dem der Weg wichtiger ist als das Ziel. Zwei Arten von Raum, oder vielmehr zwei verschiedene Erfahrungen des Raumes. Es stimmt, dass der Tourismus Räume schafft, die wenig für Menschen mit Behinderungen gedacht sind. Vor allem aber produziert er relativ feste Routen, bei denen es darum geht, von einem Punkt zum anderen zu gelangen. Meine eingeschränkte Mobilität hat mich nie vom Reisen abgehalten. Es ist nicht die Geschwindigkeit, die das Reisen ausmacht: Es ist eine Art, im Raum zu sein, seine Bewegung auf den Rhythmus des Ortes abzustimmen, der uns empfängt. Jede Person findet ihren eigenen Gipfel!

In Begleitung der Sterne

Ich verlasse die Bar und schaue hoch, der Himmel ist klar. Dort oben befindet sich die Hängebrücke Belle-Etoile. Ich werde sie nie betreten, aber das spielt keine Rolle. Alle Sterne lächeln mich an, und die Dents du Midi zeigen mir, dass der Weg sicher ist. Ich laufe stolz die 100 Meter, die mich von meinem nächsten Ziel trennen; die Nacht gehört mir, und das Geräusch meines einzigartigen Eispickels hallt durch die Dorfstrasse.

Wegbeschreibung

Fahrt mit dem Zug nach Aigle. Von dort nehmt ihr die Bahnlinie AOMC: Aigle – Ollon – Monthey – Champéry. Die Fahrt dauert etwa eine Stunde und führt euch durch das Chablais und das Illiez-Tal bis zum endgültigen Ziel.

Luc Tripet ist Doktorand in Geografie an der Universität Neuenburg und Dozent für Geografie und Französisch am Cercle scolaire Le Locle. Für ihn bedeutet Geograf sein in erster Linie, einen aufmerksamen und kritischen Blick auf die Welt, die uns umgibt, zu werfen, und er versucht täglich, dieser Ethik Folge zu leisten. Er liebt es neue Kraft zu schöpfen, indem er auf seinem Fahrrad die Strassen der Neuenburger Berge entlangfährt.

Ein Ort zum Gebären und Geborenwerden

Geburtshaus Le Petit Prince in Villars-sur-Glâne (FR)

Laura Perler & Carolin Schurr

Wenn man in Freiburg-Süd von der Autobahn fährt, gelangt man zu einem grossen Verkehrskreisel. Statt im » Jumbokreisel «, wie er in Freiburg genannt wird, links in die Stadt oder geradeaus zum Theater Nuithonie zu fahren, biegt man nun rechts ab und gelangt in ein Industriegebiet. Wenn man nun einige hundert Meter weiterführe, würde man zum Wald Moncort kommen, der als Umweltsensibilisierungsprojekt Bois du mon coeur Waldsofas, thematische Rundpfade zum Entdecken der Flora und Fauna und eine wunderschöne Waldbühne beherbergt. Das tun wir aber nicht, und so finden sich auf der rechten Seite unanschauliche, graue Industriebauten. Es ist eine Tatsache: Freiburg zeigt sich hier nicht von seiner schönsten Seite.

Und doch erleben hier, in diesen grauen Gebäuden in der Agglomeration Freiburgs, viele Menschen die wohl intensivsten und emotionalsten Stunden ihres Lebens. Hier befindet sich nämlich das einzige und erste Geburtshaus Freiburgs: Le Petit Prince. Das Geburtshaus besteht aus verschiedensten Räumen, die über unterschiedliche Farbtöne ihr jeweils eigenes Ambiente ausstrahlen. Dazu gehören: zwei Geburtszimmer mit Badewannen für Wassergeburten; ein Ess- und Aufenthaltsraum, in dem die frischgebackenen Eltern bekocht werden und die Geburt im Gespräch Revue passieren lassen können; Wochenbettzimmer, in denen auch Väter ihren Platz haben; aber auch diverse Therapieräume etwa für Osteopathie oder Geburtsvorbereitungskurse. Im Geburtshaus Le Petit Prince werden jährlich über hundert Kinder geboren, Hunderte von Frauen und Männern werden auf dem Weg in die Elternschaft begleitet und rund 30 Mitarbeitende kümmern sich um all die verschiedenen Facetten, die den Lebensanfang prägen. Ein Ort also, wo das Gebären und Geborenwerden im Fokus stehen.

Gebären als politischer Akt

Das Geburtshaus versteht sich als ein inklusiver Ort, ein Ort, wo etwa auch die Väter in den Geburtsprozess eingebunden werden. Und doch ist das Geburtshaus auch selektiv. Um hier gebären zu können, müssen bestimmte Kriterien erfüllt sein: Ultraschallbilder werden benötigt, die beweisen, dass das zu gebärende Kind nicht an Krankheiten wie z. B. einem Herzfehler leidet; auch Zwillinge und Kinder in Steisslagen können hier nicht das Licht der Welt erblicken. Denn das Geburtshaus bietet die Möglichkeit, eine Geburt in einem nichtmedikalisierten Rahmen zu erleben; diese Möglichkeit gilt jedoch nur für »gesunde« Körper. Damit zeigt sich am Geburtshaus wie unter einem Brennglas verdichtet, was für Gebären und Geburten, für die biologische Reproduktion, wie es im sozialwissenschaftlichen Fachjargon genannt wird, ganz allgemein gilt: Beim Zugang zu Räumen der reproduktiven Gesundheit machen soziale Differenzen einen grossen Unterschied: Menschen haben je nach Gesundheit ihres Körpers, aber auch nach ihrer gesellschaftlichen Position, ihrem Aufenthaltsstatus, ihrem Einkommen usw. einen unterschiedlich guten Zugang zu gynäkologischer Versorgung.

      Die Mütter- und Säuglingssterblichkeit in Subsahara-Afrika ist z. B. um ein Vielfaches höher als in der Schweiz. Die Wahrscheinlichkeit für eine postnatale Depression oder Säuglingssterblichkeit liegt bei asylsuchenden Frauen in der Schweiz weit höher als im nationalen Durchschnitt. Das macht deutlich, dass Gebären ein politischer Akt ist. Dies zeigt sich auch darin, dass Bevölkerungspolitiken vorgeben, welche Menschen sich fortpflanzen sollen und welche nicht. Besonders brutale Beispiele davon kennen wir aus der Vergangenheit: so etwa die Mütterprämien unter den Nationalsozialisten oder die globalen Programme zur Bevölkerungskontrolle mit erzwungenen Sterilisationen in Ländern des Globalen Südens. Gebären ist also nicht nur ein körperlicher und biologischer Vorgang, sondern eng gekoppelt an soziale Verhältnisse und geopolitische Ordnungen.

Privates wird politisch

Das Geburtshaus Le Petit Prince ist ein Raum der Transition und der Veränderung. Hier werden Menschen zu Eltern, ungeborene Babys werden zu frischgeborenen kleinen Personen. Mit der Geburt entsteht auch eine neue immense Verantwortung; oft muss der Alltag neu gestaltet und müssen die Beziehungsverhältnisse überdacht werden. In diesem Sinn beginnt im Geburtshaus im Kleinen das, was sich im Leben mit dem neuen Kind fortsetzt: Neue soziale Verhältnisse werden geschaffen.

Das feministische Credo » Das Private ist politisch « ist gerade für diese Lebensphase sehr zentral: Wie soll die Betreuungsarbeit künftig geteilt werden? Wer kann sich welches Betreuungsmodell finanziell leisten? Zu welchen Bürgern und Bürgerinnen erziehen wir unsere Kinder? Welchen Wert hat Betreuungsarbeit in unserer Gesellschaft? Diese Fragen werden mit einer Geburt aktuell, sie haben eine private Dimension, aber sind eben auch eng mit der politischen und gesellschaftlichen Sphäre verbunden.

Der Blick in das Geburtshaus Le Petit Prince und die damit verbundenen Gedanken zeigen somit exemplarisch auf, dass Prozesse, die als intim und privat und damit oft auch als » natürlich « und unveränderbar bezeichnet werden, vielschichtiger sind. Ein Geburtshaus ist ein Ort, wo Alltägliches passiert: Menschen werden geboren. Aus einer sozialgeografischen Perspektive sehen wir darin jedoch weit mehr, nämlich einen Spiegel für gesellschaftliche Verhältnisse.

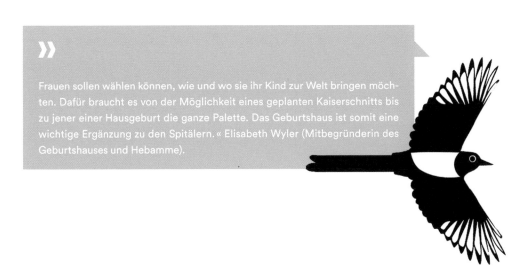

»

Frauen sollen wählen können, wie und wo sie ihr Kind zur Welt bringen möchten. Dafür braucht es von der Möglichkeit eines geplanten Kaiserschnitts bis zu jener einer Hausgeburt die ganze Palette. Das Geburtshaus ist somit eine wichtige Ergänzung zu den Spitälern. « Elisabeth Wyler (Mitbegründerin des Geburtshauses und Hebamme).

Wegbeschreibung

Ab Bahnhof Freiburg mit dem Bus Nummer 2 bis Haltestelle Moncor. Nach dem Restaurant de Moncor rechts bleiben, den Fussgängerweg in Richtung der grauen Gebäude benutzen und unter der Unterführung hindurchlaufen. Ihr seht nun die Rückseite des Geburtshauses. Der Eingang befindet sich auf der gegenüberliegenden Seite.

Laura Perler ist PostDoc am Geographischen Institut an der Universität Bern und forscht dort zu reproduktiver Geopolitik. Obwohl sie seit über zehn Jahren eng mit Geografinnen und Geografen zusammenarbeitet, ist sie immer noch unsicher, ob sie sich selbst Geografin nennen kann, da sie ursprünglich Sozialanthropologie studiert hat. Laura liebt den Blick aus ihrem Fenster auf die Saane, am liebsten mit einem Glas Rosé in der Hand.

Carolin Schurr ist feministische Geografin und Professorin am Geographischen Institut der Universität Bern. Die fehlende Definition dessen, was Geografie ist, versteht Carolin als Freiheit, den Fragen in der Forschung nachzugehen, die sie selbst im Leben beschäftigen – aktuell zum Beispiel zu Reproduktiver Gerechtigkeit. Egal ob am Strand von Préverenges oder in der Aare in Bern, Carolin liebt die Bergenergie der Gewässer in der Schweiz.

Mehrsprachigkeit an der Sprachgrenze

Fribourg/Freiburg i. Ü. (FR)

Marina Richter

Als zweisprachige Familie (Deutsch und Spanisch) unternehmen wir einen Ausflug in die zweisprachige Stadt Freiburg (Deutsch und Französisch). Wie meine Tochter rasch feststellen muss, versteht sie die meisten Menschen nicht und kann im Restaurant auch die Karte nicht lesen. Zweisprachigkeit ist also nicht gleich Zweisprachigkeit. Dazu kommt, dass Zwei- oder Mehrsprachigkeit zumeist in eine Richtung funktioniert. Deutschsprachige sind in Freiburg in der Minderheit und müssen sich auf Französisch verständigen, um von der französischen Mehrheit nicht nur verstanden, sondern auch anerkannt zu werden.

Als Deutschsprachige machte ich in Freiburg immer wieder interessante Spracherfahrungen. So wurde in der Bäckerei, wenn ich mein Mittagessen kaufte, höflich mein vom Zürcher Dialekt gefärbtes Französisch korrigiert. Beim Hinausgehen hörte ich dann, wie die Verkäuferin mit einer Kundin auf Seislerdütsch angeregt plauderte. Meinen Französischkenntnissen hat das auf alle Fälle genützt. Und da Seislerdütsch, der lokale Dialekt in Freiburg, für eine Zürcherin wie mich auch nicht immer einfach verständlich ist, war der Umweg über das Französische vielleicht gar keine schlechte Lösung.

Mehrsprachigkeit ist auf alle Fälle eine komplexe Angelegenheit, bei der es um mehr als nur um Sprachen geht. Es geht dabei auch um Fragen der gegenseitigen Anerkennung, wenn man sich als Deutschsprachige und damit als Vertreterin einer nationalen Mehrheit bemüht, Französisch zu sprechen, und es geht um soziale und kulturelle Unterschiede.

Dabei ist das, was ich in Freiburg erlebt habe, weit entfernt von dem, was sich meine Verwandten in Spanien unter der Mehrsprachigkeit der Schweiz vorstellen. Ich muss dann jeweils erklären, dass es zwar sehr wohl Menschen gibt, die mehrere Amtssprachen sprechen, und dass es auch Ortschaften und Kantone gibt, in denen zwei Sprachen als Amtssprachen gelten. Dies heisst aber bei Weitem nicht, dass die ganze Schweiz ein buntes Durcheinander der Amtssprachen darstellt – sondern eher ein wohlgeordnetes Nebeneinander.

Freiburg: Stadt an der Sprachgrenze

Freiburg liegt gemäss dem *Interaktiven statistischen Atlas der Schweiz* an der Sprachgrenze, dem »Röstigraben«. Als Geografin weiss ich, dass Grenzen auf einer Karte durch dünne, durchgezogene Linien dargestellt werden, in der Realität aber zumeist vielschichtig verwobene Grenzräume darstellen. Mit Freiburg und der Mehrsprachigkeit verhält es sich ganz ähnlich. Zwar liegt die Stadt gemäss Atlas auf der französischen Seite der Sprachgrenze. Genau an dieser Grenze haben sich die Menschen und die Sprachen aber auch vermischt und entsprechend stellt die Sprachengrenze einen Raum der Mehrsprachigkeit dar.

Die Mehrsprachigkeit ist seit den Anfängen in die Geschichte der Stadt eingeschrieben. So lässt sich auf der Homepage der Stadt Freiburg nachlesen, dass bereits bei der Stadtgründung im Jahre 1157 die beiden Sprachen am Hof des Herzogs Berthold IV. von Zähringen gesprochen wurden. Auch das Herrschaftsgebiet der Zähringer umfasste für eine längere Zeit neben deutschsprachigen Gebieten auch Teile des Burgunds. Danach haben Sprachen und soziale Schichten vermengt mit sozialer und ökonomischer Entwicklung ihre Spuren im historischen Städtchen hinterlassen.

Vielsprachig: In der Schweiz werden über 70 Sprachen gesprochen. Dennoch liegt der Fokus der Politik auf den Landessprachen Deutsch, Französisch, Italienisch und Rätoromanisch. Mehrsprachigkeit ist also nicht gleich Mehrsprachigkeit.

Die Mehrsprachigkeit zu Fuss erkunden

Vom Bahnhof aus ist man in einer Viertelstunde zu Fuss an der Grand-Rue. Dort umringen die noblen Häuser der französischsprachigen Patrizier und Patrizierinnen die Kathedrale, während 500 Meter weiter unten in der Unterstadt an der Schleife der Sarine die kleinen Häuschen und engen Gässchen des zweisprachigen Arbeiterviertels liegen und 1,5 Kilometer weiter gegen den Rand der Stadt dann das deutschsprachig geprägte Quartier Schönberg.

Damit zeigt ein Gang durch die Stadt exemplarisch, wie Mehrsprachigkeit durch eine Geschichte von Zu- und Abwanderung und von sozialen Veränderungen geprägt ist. Und manchmal helfen die zweisprachigen Strassenschilder auch zum besseren Verständnis der Stadtgeschichte. Oft spiegeln sie die unterschiedlichen Blickwinkel der Bewohnerinnen und Bewohner wider. So heisst die Grand-Rue auf Deutsch » Reichengasse « und verweist damit auf die Patriziervergangenheit.

In Freiburg heisst Mehrsprachigkeit heute, dass die Mehrheit Französisch spricht, ungefähr ein Fünftel Deutsch und noch einmal ein Fünftel andere Sprachen. Eine Eigenheit ist dabei das sogenannte Bolz, das in der Unterstadt, von der Grand Rue Richtung Sarine hinunter, gesprochen wurde. Es entstand als eine Mischung von Deutschschweizer Dialekt, dem Seislerdütsch, und Französisch und war die Sprache der armen Bevölkerung aus der basse ville. Heute gilt das Bolz mehr als Kuriosum und wird nur noch von wenigen Menschen gesprochen.

Aktuelles Kapitel in der Geschichte der Mehrsprachigkeit

All dies zeigt, dass Mehrsprachigkeit in Freiburg mittlerweile weit mehr bedeutet als das Nebeneinander und ab und an auch Miteinander der Amtssprachen Französisch und Deutsch. Das geht aber noch viel weiter. Auf dem Weg zurück zum Bahnhof stossen wir auf eine Kebabbude, einen Afro-Haar-Shop und viele andere Geschäfte, um die herum sich die Sprachen vervielfachen. Meine Tochter strahlt, denn auf einmal versteht sie wieder etwas. Dies ist der Teil der Mehrsprachigkeit, der in Freiburg wie auch in der restlichen Schweiz und insbesondere in den städtischen Zentren wächst. Es ist das aktuelle Kapitel der Geschichte der Mehrsprachigkeit und es verweist gleichzeitig auf die bisherige Geschichte: Mehrsprachigkeit als ein Produkt von Migration und von sozialen Veränderungen.

Wegbeschreibung

Freiburg ist vom Hauptbahnhof Zürich mit dem IC 1 in 1 Stunde und 23 Minuten zu erreichen. Von Genf Cornavin sind es ebenfalls mit dem IC 1 (aber in der entgegengesetzten Richtung) 1 Stunde und 21 Minuten.

Marina Richter ist Professorin an der Schule für Soziale Arbeit der HES-SO Valais-Wallis. Sie forscht zum Justizvollzug und seinen Institutionen sowie zu Migration und Asyl. Als Geografin liebt sie natürlich Karten. Fribourg war für sie das Tor zur französischen Schweiz und zur Politik der Zweisprachigkeit im Arbeitsalltag.

Im Garten der Verstorbenen

Der Friedhof Saint-Martin in Vevey (VD)

Rafael Matos-Wasem

E ine ungeahnte, abgeschiedene Welt erwartet uns auf einer Terrasse mit Blick auf die Stadt Vevey: der Friedhof Saint-Martin. Ihr müsst nur den Chemin de l'Espérance, den Weg der Hoffnung, neben der Kirche Saint-Martin erklimmen, um ihn durch das Südportal zu betreten. Eine aufsteigende und mit Bäumen bewachsene Süd-Nord-Allee bildet die mittlere Achse dieser Trauerlandschaft. Deren geometrischer Grundriss spiegelt die Weinbaugeschichte des Ortes wider.

Ebenso wie Gefängnisse, Heime oder Theater gehören Friedhöfe zu den von Michel Foucault theoretisierten Heterotopien: Die »Städte der Toten« stellen reale, aber »andere« Räume dar, die besonderen Regeln unterliegen. Zusammen mit dem Fach Geschichte trägt die Geografie dazu bei, den Standort, die Expansionsphasen und die Anordnung eines solchen Ortes zu verstehen. Ebenso erklärt sie die Unterteilung der Gräber nach Konfession, sozialer Schicht oder Altersklasse.

Vom südlichen Teil des Friedhofs aus geniesst man den Blick auf Vevey, den Genfersee und die Alpen. Trotz seiner Nähe zum Stadtzentrum wird der städtische Lärm leiser und leiser, je weiter man sich vom Südeingang des Friedhofs entfernt. Dieser Ort, der grösste öffentliche Raum von Vevey, wirkt entschleunigend. Naturgemäss intensiviert dieser Ort unsere Gemütszustände und lässt uns Melancholie und Romantik verspüren. Ist ein Friedhof nicht da, uns an die Endlichkeit zu erinnern, die uns an seinen Rändern erwartet? Neue Gräber schmücken diese Stadt der Toten, wodurch sie nicht erstarrt wirkt. Auch dank ihrer Besucherinnen und Besucher ist sie sehr wohl »lebendig«. Paare, Einzelpersonen und Familien kommen vorbei, um sich an einem Grab zu versammeln, spazieren zu gehen oder auf einer Bank zu sitzen, um sich auszuruhen oder zu meditieren. Kunstinteressierte zeichnen, und junge Leute küssen sich hier.

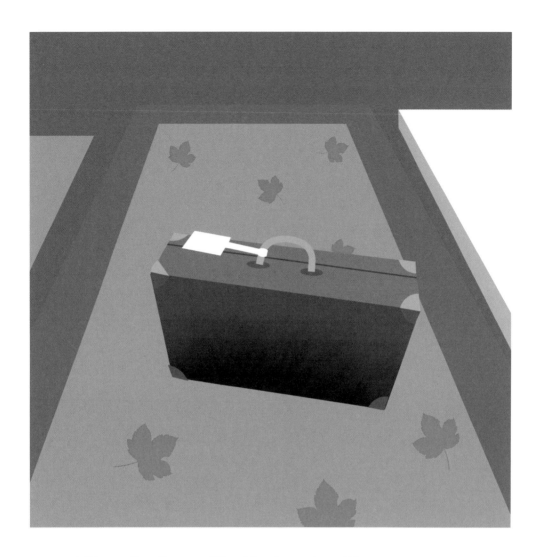

Eine kulturelle Reise in die Vergangenheit

Bei Ausgrabungen auf dem Gelände der Kirche Saint-Martin wurde eine Grabstätte aus frühchristlicher Zeit freigelegt. Diese mittelalterliche Nekropole wurde bereits 1763 an die Nordseite der Kirche verlegt. Die nachfolgenden Erweiterungen des Friedhofs spiegeln das Bevölkerungswachstum der Stadt. Ab 1912 wurde der Friedhof aufgrund der zunehmenden Verbreitung von Feuerbestattungen nicht weiter ausgebaut: Es wurden Aschengräber angelegt und 1911 ein Kolumbarium errichtet. Dieses wurde 1955 abgerissen und durch einen monumentalen Springbrunnen ersetzt. Das 1938 eingeweihte Bestattungszentrum und die dazugehörige Kapelle sind repräsentative Zeugen der damaligen religiösen Architektur. Sein Hof lädt zur Andacht ein, ebenso wie der angrenzende Garten der Erinnerung. In diesem Gemeinschaftsgrab wird seit 1994 die Asche der Verstorbenen, die diesen Wunsch geäussert haben, verstreut.

Auf dem Friedhof Saint-Martin ruhen viele Berühmtheiten. Erwähnenswert sind der Maler Ernest Biéler (1863–1948); Paul Cérésole (1832–1905), Bundesrat von 1870 bis 1875; der Bergsteiger Emile Javelle (1847–1883), Autor des Klassikers *Erinnerungen eines Bergsteigers*; Daniel Peter (1836–1919), Erfinder der Milchschokolade, oder auch der Ingenieur Maurice Koechlin (1856–1946), dem wir die Gestaltung des Eiffelturms verdanken.

Obwohl der Friedhof nicht die grösste russische Nekropole der Schweiz beherbergt, übertrifft er historisch jene von Zürich und Genf. Mehr als 200 russische Staatsangehörige, darunter Prinzen und Gräfinnen oder ihre Nachkommen, liegen seit Mitte des 19. Jahrhunderts hier begraben. Die 1878 geweihte, unterhalb gelegene, russisch-orthodoxe Kirche zeugt von der Anziehungskraft der Region auf Russen und Russinnen.

Ein britisches Militärgräberfeld, das 1923 eingeweiht wurde, erinnert an die Absurdität des Krieges. 88 Soldaten, die im Ersten Weltkrieg gefallen sind, und 48 Soldaten, die im Zweiten Weltkrieg starben, haben jeweils ihre eigenen Grabsteine. Die sterblichen Überreste dieser »Briten« (darunter Kanadier, Australier, Inder, Neuseeländer oder Südafrikaner), einige von ihnen erst 18 Jahre alt und an 14 verschiedenen Orten in der Schweiz zu Grabe getragen, wurden hier versammelt. An anderer Stelle befindet sich eine Stele zum Gedenken an die italienischen Internierten, die während des Ersten Weltkriegs starben, sowie eine weitere, die zu Ehren der Bourbaki-Soldaten (1871) und der in den beiden Weltkriegen gefallenen französischen Soldaten errichtet wurde.

Reise durch Zeit und Raum: Die Felder der ewigen Ruhe sind oft Orte hoher Biodiversität – Vevey ist da keine Ausnahme. Hier findet man Pflanzen von verschiedenen Kontinenten. Die Vielfalt kennzeichnet auch die verstorbenen Bewohner und Bewohnerinnen des Friedhofs: Britische Soldaten liegen neben dem Gestalter des Eiffelturms, unbekannte Veveyaner und Veveyanerinnen neben dem Erfinder der Milchschokolade.

Leben und Tod sind miteinander verflochten

Neben ihrem unbestreitbaren historischen Interesse sind auch die künstlerischen und religiösen Dimensionen der Grabdenkmäler, Statuen und Wandplatten hervorzuheben. Viele Gräber werden von christlichen Kreuzen geschmückt, aber es gibt auch einige muslimische und jüdische Gräber. Porträtfotos von Verstorbenen und verschiedene Gegenstände verleihen mehreren Gräbern eine emotionale Note. Spielsachen schmücken einige der Gräber des kleinen Kindergrabfelds. Einem Künstler ist es zu verdanken, dass ein Koffer auf einer der Platten an die letzte oder an das Reisen überhaupt erinnert.

Auch die Bäume auf dem Friedhof laden zu einer Reise ein. Zu den Arten, von denen einige seit Urzeiten mit Grabstätten verbunden sind, gehören Birken, die Trauer- und Arizona-Zypressen, Rosskastanien, japanische Ahornbäume und sogar ein Feigenbaum. Zierpflanzen, Pilze und Moose bereichern dieses Pflanzenparadies, während Nistkästen, Bienenstöcke und Insektenhotels die Artenvielfalt der Fauna fördern. Auch in dieser Hinsicht ist der Friedhof ein Ort des Lebens. Zahlreiche Poller und Brunnenpoller bestätigen dies. Denn ist Wasser nicht ein Symbol für Reinigung und Leben?

Friedhöfe laden uns dazu ein, über unsere Beziehung zum Tod und damit auch über das Leben nachzudenken. Aufgrund ihres kulturellen und erinnernden Charakters sind sie laut dem französischen Historiker Pierre Nora Erinnerungsorte, die es zu erhalten und zu schützen gilt. Obwohl die aus dem 10. Jahrhundert stammende Kirche Saint-Martin im Bestand der historischen Denkmäler des Kantons Waadt aufgeführt ist, gilt dies noch nicht für ihren Friedhof. Nur neun der Gedenktafeln, Gräber und Denkmäler stehen unter kommunalem Schutz. Etwa 150 Friedhöfe aus 22 Ländern, jedoch nicht aus der Schweiz, haben sich der Vereinigung bedeutender Friedhöfe Europas angeschlossen, die Hälfte davon der Europäischen Friedhofsroute. Der Friedhof von Vevey verdiente es durchaus, sich ihnen anschliessen zu dürfen.

Wegbeschreibung

Verlasst den Bahnhof auf der Seeseite und nehmt die Rue des Communaux direkt zu eurer Linken. Biegt nach 125 Metern auf Höhe der russisch-orthodoxen Kirche mit ihrem prächtigen goldenen Zwiebelturm in den recht steilen Chemin de l'Éspérance ein. Gleich nachdem ihr die Brücke über die Eisenbahngleise überquert habt, steigt ihr die Treppe zu eurer Linken hinauf und folgt dem Weg dann nach rechts, der nach oben führt. Ihr könnt den Friedhof auf der Höhe des Friedhofshauses oder etwas weiter entfernt durch das Hauptportal betreten, das sich nördlich des Glockenturms der Kirche Saint-Martin befindet.

Rafael Matos-Wasem ist Lehrkraft an der Hochschule für Wirtschaft der HES-SO Valais-Wallis. Als ausgebildeter Geograf interessiert er sich vor allem für Nachhaltigkeit im Tourismus, Slow Tourism und Thanatourismus. Zu seinen Lieblingsplätzen in der Schweiz gehören die Mündung zwischen der Rhône und der Arve in Genf, ein Symbol des Zusammenflusses und der Bewegung, sowie die geschichtsträchtige Ebene zwischen den Schlössern Tourbillon und Valère in Sitten.

Bahnhöfe als Orte des Anhaltens?

Bahnhofsplatz von Lausanne (VD)

Arthur Oldra

Durch das Zugfenster sehe ich, wie sie sich auf dem Perron in Richtung Gleis bewegen. Während wir langsamer werden, warten die nächsten Fahrgäste darauf, dass der Zug anhält, und versuchen, sich dort zu positionieren, wo sich die Tür befindet, wenn der Zug zum Stillstand kommt. Leise verlasse ich meinen Platz und mache mich auf den Weg zur Tür des Waggons. Wir stehen, und doch weiss ich nicht, ob ich die Tür öffnen darf. Sie öffnet sich von allein. Während ich die Stufen hinunter steige, bilden die Reisenden ein Spalier.

Auf dem gegenüberliegenden Bahnsteig hat sich der Zug gerade gefüllt. Eine Kontrolleurin der SBB geht den Perron entlang, öffnet die letzte Tür, stellt sich an die Schwelle zwischen Zug und Perron und überprüft von dort alle anderen Türen des Zuges. Sie pfeift, steigt in den Zug und verriegelt die Türen. Während der Zug den Bahnhof verlässt, winkt ein Herr jemandem durch das Zugfenster zu. Inzwischen hat die Menge aus dem Zug den Perron erobert und verteilt sich in Richtung der Ausgänge. Ich sehe mich kurz um und kann weder Schilder noch Bodenmarkierungen erkennen. Ich schliesse mich daher dem Menschenstrom an.

Als ich in Richtung der Unterführung gehe, gelingt es mir, mich hinter jemanden zu stellen, der einen grossen, schwarzen Hartschalenkoffer mit sich trägt. Sein Schritttempo passt zu meinem, und er bahnt mir den Weg durch die Menge wie ein Schneepflug. Im Gang lese ich im Vorbeigehen an der Wand »Abonnés Mobilis: évadez-vous pour seulement …«, als der Mann vor mir plötzlich stehen bleibt. Jemand hatte ihn erkannt, ihn festgehalten und gelacht: »Das ist ja unglaublich! Was machst du denn hier?« Ich umgehe die Begegnung. Am Ende der Unterführung angekommen, beschliesse ich, die Treppe zu nehmen, um den Stau auf der Rolltreppe zu vermeiden. Oben angekommen, befinde ich mich in einer Halle, deren gewölbter Ausgang von hohen, leuchtenden Fenstern überragt wird, die den Blick nach draußen freigeben

Dicht an dicht tanzen die Reisenden einen Walzer. Die Tänzerinnen und Tänzer stossen nicht zusammen, sie streifen sich, aber sie schenken einander trotzdem keine Aufmerksamkeit. Jeder bastelt sich seine eigene Reiseroute und scheint mit seinen täglichen Sorgen beschäftigt und mit den Gedanken bereits bei seinem Ziel zu sein.

Vor diesem Hintergrund und zu dieser ungelegenen Zeit kann ich dennoch einige Besonderheiten in diesem einheitlichen Menschenstrom beobachten: Ein Mann klappt sein Fahrrad zusammen und schaut auf die hoch oben angebrachten Anzeigetafeln; ein Lieferant schaut auf sein Telefon; eine Frau legt ein Kuscheltier in einen Kinderwagen zurück; zwei Verkehrspolizisten in Warnwesten unterhalten sich mit jemandem, den sie zu kennen scheinen; ein Mann nimmt sich eine Gratiszeitung und einige andere Reisende stehen sich unter den Informationstafeln die Beine in den Bauch.

Grenzenlos: Der Bahnhof Lausanne beherbergt eine Sammlung sechs grosser Gemälde, die verschiedene, von Lausanne aus angefahrene Reiseziele darstellen. Die symbolträchtigen Landschaften von Bern, Freiburg, Genf, Montreux, Neuchâtel und Zermatt (Matterhorn) laden zur Weiterreise ein. Auch die Fantasie endet nicht am Bahnhof …

Auf dem Bahnhofsplatz

An der frischen Luft auf dem Bahnhofsvorplatz fühlt es sich an, als hätte mich das Gebäude ausgespuckt. Auf der Ostseite sehe ich, wie sich Reinigungskräfte in orangefarbenen Anzügen auf der Terrasse des Bahnhofscafés unter Taxifahrer mischen, während ein Lieferwagen versucht, auf der gelben Bodenmarkierung zu parken. Auf der Westseite ist ein Teil der Zufahrt zum Bahnhof durch Bauzäune abgetrennt. Durch die derzeitigen Bauarbeiten scheinen die Parkflächen für Fahrräder und Motorräder vor das ehemalige Bahnhofsrestaurant verlegt worden zu sein. Ein Mitarbeiter des Ordnungsamts verteilt Strafzettel.

Mir gegenüber, auf der anderen Seite des Platzes, erhebt sich am Berghang eine Wand von Aussenfassaden: ein Fastfood-Restaurant, ein Reisebüro, Autovermietungen und eine Agentur für Fluss- und Hochseekreuzfahrten. Das mit Flaggen geschmückte Continental Hotel ragt schwerfällig über den anderen Geschäften und den U-Bahn-Eingang. Ich beschliesse, zu den Bushaltestellen in der Mitte des Platzes zu gehen.

Geduldig warte ich mit anderen Passanten, dass das Signal auf Grün springt, um den Fussgängerstreifen betreten zu können. Auf der anderen Seite kniet eine alte Frau leise und zusammengekauert und bettelt. Ohne stehenzubleiben, wirft jemand ein paar Münzen in den Becher, den die alte Dame festhält. Plötzlich ertönt der Ton der Ampel, der Grün signalisiert, und ich kann die Strasse überqueren. Ein Blick über die Schulter – ich bemerke überrascht die fünf Ringe, die an der Bahnhofsfassade angebracht sind: »Lausanne Capitale Olympique«, Lausanne, Hauptstadt der Olympischen Bewegung.

Halten wir wirklich an?

Beim Einfahren des Zuges ist ein Bahnhof sicherlich nur eine weitere Haltestelle, aber ist er das auch für die Fahrgäste? Bahnhöfe und Orte im Allgemeinen bilden Knotenpunkte: Der Aufenthalt dort ist immer nur vorübergehend, denn es sind Orte, an denen alle Arten von Mobilität aufeinandertreffen, sich kreuzen und miteinander interagieren. Denn ob sie nun reisen, wandern oder arbeiten, die Benutzer und Benutzerinnen des Bahnhofs sind alle ein Teil einer grösseren Bewegung. Das heisst, sie kommen immer wieder an verschiedenen Orten vorbei, in der Schweiz oder anderswo. Daher ist es weniger die Haltestelle als vielmehr die Arten der Begegnung, der Verschränkung, der Interaktion oder aller potenziellen sozialräumlichen Praktiken, die diese Orte kennzeichnen.

Obwohl der Bahnhof mitten im Herzen von Lausanne, südlich des Flon und nördlich von Ouchy liegt – würde man die Stadt anhand der Mikrogeografie eines Bahnhofs erkennen? Das kann nicht mit Sicherheit beantwortet werden. Aber man würde vielleicht einen Hauch schweizerischen Dufts verspüren.

Wegbeschreibung

Der Bahnhof Lausanne ist mit dem Direktzug von Genf, Zürich, Mailand, Paris und sogar von Venedig aus erreichbar. Er befindet sich bis 2038 im Umbau.

Arthur Oldra ist Geograf und Oberassistent an der Universität Lausanne. Seine Forschungsschwerpunkte sind öffentlicher Raum, Mikroräumlichkeiten und die Konstruktion persönlicher Identitäten. Er ist der Ansicht, dass jeder seine eigene Geografie macht, indem er nicht versucht zu fragen » Wo bin ich? «, sondern » Wohin gehe ich? «. Wenn er im Zug zwischen Lausanne und Sion auf den Genfersee blickt, träumt er deshalb von der Bretagne.

Der (Um-)Weg zum Paradies

Gut Bois Genoud, Lausanne (VD)

Martin Müller

Meine Tochter Louise ist fünf Jahre alt und gerade dabei, die Welt in Dinge aufzuteilen, die wirklich existieren, und solche, die es nur in Geschichten gibt. Als Wissenschaftler muss ich sie dabei eigentlich immer enttäuschen. » Papa, gibt es Einhörner wirklich? « » Papa, können Menschen zaubern? « Meistens zeigt mir ihre Miene, dass mit meinem » Nein « gerade eine kleine Wunderwelt zerstoben ist.

Letztens jedoch war alles anders.
» Papa, wie kommt man eigentlich ins Paradies? «
Ich stutzte kurz, aber dann fiel es mir wieder ein: » Bei der Baumschule in Crissier geradeaus den Berg hinauf und dann scharf rechts. «
Louise strahlte: » Können wir da hin? «
» Na klar «, sagte ich, » da sind wir doch oft. «

Folgt man dieser Wegbeschreibung zum Paradies, landet man in einer kleinen Waldlichtung ganz nah bei Lausanne. Eigentlich ist man hier sogar auf Lausanner Stadtgebiet, sagt mir meine Landkarte. Und doch wähnt man sich weit weg, umschlossen vom Wald und dem Flüsschen Mèbre. Eine kleine Ansammlung an bunt zusammengewürfelten Gebäuden steht hier oben im Bois Genoud: Eine toskanische Villa hat sich hierher verirrt und fühlt sich auf den ersten Blick etwas unwohl neben den niedrigen, grob gezimmerten Holzbaracken in unterschiedlichen Farben.

Mit der Schubkarre vom Feld auf den Teller

Das Herz des Bois Genoud schlägt im biodynamisch geführten Bauernhof. Schafe und Kühe, Salat und Kartoffeln säumen den kleinen Fahrweg der Lichtung. Einige Produkte des Hofs kommen im Restaurant Le Castel, ein Haus weiter, auf den Tisch. Der Weg vom Feld auf den Teller – man kann ihn hier mit der Schubkarre zurücklegen. Mittwochs und samstags kündigt ein feiner Geruch vom frisch angeheizten Brotofen. Der Hofladen Le Sureau hat Krautstiele und Rüben vom Bauernhof fein säuberlich in Holzkisten sortiert. Die Kühe von der Weide liegen, recht prosaisch, in Schnitzel zerteilt im Tiefkühlfach. Louise bleibt vor der grossen Auswahl an Joghurts stehen: »Himbeer oder Vanille oder vielleicht doch lieber Heidelbeer?« Die grossen Fragen des Lebens können manchmal so klein sein.

Neben Hof, Restaurant und Laden hat sich eine Rudolf-Steiner-Schule angesiedelt. Ihre kleine Siedlung von Holzhäusern kündet vom Ideal einer Pädagogik, die – anders als die Kühe, die durchs Fenster hineinmuhen – nicht auf Wiederkäuen ausgelegt ist. Statt den Menschen in die Gesellschaft einzupassen, sollen hier Kreativität, Eigenständigkeit und Mut zum Querdenken gelehrt werden. Louise ist derweil mehr an handfesteren Dingen interessiert: Ob man wohl auf dem Spielplatz der Schule…? Ja, darf man.

Schliesslich reiht sich zwischen Bauernhof und Schule noch ein kleiner, sichelförmiger Wohnblock ein. Eine Stiftung bietet hier bezahlbaren Wohnraum ohne Gewinnabsichten an. Eine Fünfzimmerwohnung gibt es für gut 1700 Franken im Monat. Kein schlechter Preis, zumal einen das Velo in kaum 20 Minuten bergab ans Ufer des Genfersees trägt.

Aber eigentlich könnte man hier oben leben, ohne jemals den engen Weg durch den Wald hinabzufahren, so denke ich mir. Schule, Essen, Wohnung, Spielplatz – alles da. Die Gebäude des Bois Genoud könnten zusammen auch vom Wunschzettel der »Transition zur Nachhaltigkeit« in die Wirklichkeit gepurzelt sein. An diesem Ort verschränken sich das Streben nach kurzen Produktionskreisläufen, Gemeinwohlorientierung und das notwendige Andersdenken für ein nachhaltiges Wirtschaften – wenn auch nicht ganz ohne Widersprüche.

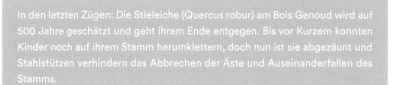

In den letzten Zügen: Die Stieleiche (Quercus robur) am Bois Genoud wird auf 500 Jahre geschätzt und geht ihrem Ende entgegen. Bis vor Kurzem konnten Kinder noch auf ihrem Stamm herumklettern, doch nun ist sie abgezäunt und Stahlstützen verhindern das Abbrechen der Äste und Auseinanderfallen des Stamms.

Mit Krücken aus Stahl
gegen das Ende

Die älteste Bewohnerin hat den Bois Genoud schon seit Christoph Kolumbus' Zeiten nicht verlassen. Es ist eine alte Eiche. Über die Jahre sind alle ihre Freundinnen verschwunden und sie ist die Letzte ihrer Art. Ihre Äste haben Menschen auf Krücken aus Stahl gestützt, gerade so, als wollten sie sich mit aller Macht gegen das unweigerliche Ende eines jeden Lebens stemmen. Das Rauschen der Autobahn, auf der, gleich hinter dem Bois Genoud, die Skifahrer Richtung Wallis donnern, erinnert daran, dass die ach so moderne Zivilisation nur einen kleinen Hügel entfernt ist. Und auch zum Einkaufen im Hofladen, zum Dinieren im Restaurant und zur Schule kommen die meisten mit dem Auto hochgefahren. So ist es wohl mit allen Paradiesen dieser Erde: Im Moment des grössten Glücks sieht man die Risse.

Louise kümmert das wenig. Sie ist auf den Stamm eines Baumriesen gekraxelt und löffelt zufrieden das Himbeerjogurt aus dem Hofladen gegenüber. »Trop cool, ce paradis«, meint sie. »Je savais même pas qu'on pouvait y aller à vélo.«

Wenn ich es mir recht überlege: Vielleicht können hier am Bois Genoud Menschen manchmal doch ein bisschen zaubern.

Wegbeschreibung

Vom Bahnhof Renens (bei Lausanne) zuerst durchs Wohngebiet direkt nach Norden, beim Citroën-Händler über die grosse Strasse und dann an Baumschule und Ziegelei vorbei geradeaus den Berg hinauf – dann scharf rechts.

Martin Müller ist Professor für Geografie an der Universität Lausanne. Er forscht zu Städten und Nachhaltigkeit im Bereich von Sport und Kultur. Nach mehr als zwanzig Jahren als Geograf fürchtet er immer noch die eine Frage: »Was ist das eigentlich, Geografie?« Er ist Fan des Sonnenuntergangs am Chalet de la Mayaz in der Gerade-noch-Schweiz.

Zwischen Alltagszauber und kritischem Geist

Gerüche, Farben, flüchtige Eindrücke, Geschmäcker, Geräusche gehören zu jedem Ort. Es sind genau diese kleinen Dinge, die uns zum Staunen bringen, die uns verzaubern, die wir aber so oft vergessen und übersehen in unseren alltäglichen Routinen. Ist es nicht gerade jenes scheinbar Kleine und Banale, das uns prägt und das den Reichtum unseres Lebens ausmacht und – in seiner Gesamtheit – auch jenen der Schweiz? Die Schweiz ist in diesem Sinn ein Kaleidoskop an Alltagszauber, dessen Formen und Kombinationen hunderttausendfach erlebt, vergessen und wieder neu entdeckt werden. Ein Alltagszauber, der von uns allen täglich gelebt und miterschaffen wird.

Allerdings dürfen all diese zauberhaften Momente uns nicht vergessen lassen, dass sich in ebenjenem Kleinen, Banalen des Alltags auch die Probleme und Ungerechtigkeiten unseres Lebens verdichten. Der Biobauernhof mit den leckeren Joghurts erlaubt indirekt auch einen Blick auf Massentierhaltung und ökologischen Raubbau, das mediterrane Flair Asconas, wo wir ein Wochenende verbringen, ist vor allem einer privilegierten Schicht reicher Hauskäufer vorbehalten, der naturbelassene Wald des Bettlachstocks zeugt vom schwierigen politischen Kompromiss zwischen Natur- und Kulturlandschaft …

Das Glück des Alltäglichen spiegelt also nicht nur eine Idylle, sondern auch eine Welt von Ungerechtigkeit und Gewalt. Die Schweiz ist nicht nur ein Kaleidoskop an Alltagszauber, sondern auch ein Sammelsurium von kleinen und grossen Momenten und Orten der Macht.

In den 1960er-Jahren gab es in Paris eine linke Gruppierung, die Situationisten, die auf Stadtspaziergängen diese räumlich verankerten Machtstrukturen erfahren und zur Diskussion stellen wollte. Sie zeigten auf, dass Raumplanung immer mit gesellschaftlicher Macht zu tun hat und dass eben nicht alle das gleiche Recht auf Stadt haben. Heute sind die Situationisten längst vergessen. Ihr Grundargument aber bleibt bestehen: Wir begegnen überall in unserem Alltag Situationen und Orten, die uns zum kritischen Nachdenken und aktiven Handeln anregen.

Es braucht also nicht nur mehr » staunende Achtsamkeit «, die den Zauber des Alltags zutage fördert, sondern auch mehr » kritischen Geist «, der auf die Gestaltung eines gerechteren Alltags hinzielt.

Einige Orte zwischen Alltagszauber und kritischem Geist:

Die Einzäunung der Ausgeschlossenen in der Stadt des Friedens

Bundesasylzentrum Cointrin, Grand-Saconnex (GE)

Julie de Dardel

Nach der durch die Covid-19-Pandemie erzwungenen Stilllegung hat der Flughafen Genf-Cointrin seinen eifrigen Betrieb wieder freudig aufgenommen. Von hier fliegen jeden Tag Touristen aus der ganzen Welt, die nach ihrem Urlaub in der Schweiz noch immer ganz beeindruckt sind von den Seen und Bergen, den Weinterrassen und den wunderschön gepflegten Kopfsteinpflastergassen in den Innenstädten, zurück in ihre Heimat. Von hier kommen und gehen Tausende von Angestellten internationaler Organisationen, die in Genf arbeiten, einer Stadt, die zwar klein ist, aber als Welthauptstadt für humanitäre Hilfe und Menschenrechte eine grosse Reichweite hat. Genf ist sehr um sein Image als Friedensinsel bemüht und pflegt es mit schweizerischer Sorgfalt. Hier, auf dem Flugplatz, wurde im Juni 2021 der rote Teppich für Wladimir Putin und Joe Biden ausgerollt, bevor ihr historisches Treffen, vom Protokolldienst perfekt inszeniert, nur wenige Schritte entfernt vor der idyllischen Kulisse der Villa La Grange stattfand.

Die dunkle Seite der »Tipptopp-Schweiz«

Haben die beiden Herren der Welt beim Blick aus den Fenstern ihrer Präsidentenmaschinen die im Bau befindlichen Gebäude direkt am Ende der Landebahn von Cointrin gesehen? Eingeklemmt im Niemandsland zwischen dem Flughafen und einer Autobahnschleife ist die Baustelle des Bundeszentrums für Asylsuchende (BAZ) in Grand-Saconnex ein Ort, der nicht auf Postkarten zu finden ist. Das ist die dunkle Seite hinter Zäunen und Stacheldraht dieser »Tipptopp-Schweiz« – wie sie umgangssprachlich auf beiden Seiten der Saane genannt wird –, die makellos, aber auch unerbittlich ist, wenn es um die Aufnahme von Exilanten geht, die Zuflucht und Schutz suchen.

    Dieser Ort ist anders als jeder andere in Genf, denn er liegt bewusst weit weg von allem, was menschliche Gesellschaft ausmacht. In der Umgebung gibt es keine Geschäfte, keine Vegetation, kein Leben. Bleibt man vor dem Bauzaun mitten im Nirgendwo stehen, sieht man, so weit das Auge reicht, nur Beton und Asphalt. Man spürt nichts als die mechanische Kälte der Flugzeuge, die die Landebahn säumen, und der Autos, die über die Autobahn donnern. In diesem entmenschlichten Stück Land, das dem Höllenlärm der Starts und Landungen ausgesetzt ist, werden bald Hunderte von Menschen untergebracht, die bereits durch die Erfahrung von Verlust, Exil und Angst geschwächt sind.

    Die aus einer weiteren Verschärfung der Asylpolitik hervorgegangene Sicherheitsanlage bei Cointrin wird 250 Asylsuchende beherbergen, davon 50 in einem Gefängnisgebäude, das für die Verwaltungshaft vorgesehen ist, bevor sie zwangsweise aus der Schweiz ausgewiesen werden. Dieses Gefängnis sieht unter anderem Zellen für Familien mit Kindern vor, die abgeschoben werden sollen. Wie in den anderen BAZ in der Schweiz werden auch die weiteren 200 Exilanten bis zu einer Entscheidung über ihr Schicksal an diesem Ort ausharren, der von privaten Sicherheitsleuten in Stiefeln und Uniform und mit Pfefferspray am Gürtel streng bewacht wird.

    Es ist nur ein scheinbares Paradoxon, dass ein weltoffener Flughafen einen Ort der Gefangenschaft auf seinem Gelände beherbergt. Die internationale Polizei kann verurteilte Migrantinnen und Migranten bei der Abschiebung direkt von ihrer Zelle zum Flugzeug führen. Auf der Grundlage eines der weltweit härtesten Gesetze zur Abschiebung abgewiesener Asylsuchender werden gewisse Personen, die als renitent gelten, in Handschellen gelegt, fixiert, geknebelt und behelmt, um in einem Sonderflug zwangsausgewiesen zu werden, wie es der berühmte Dokumentarfilm Vol spécial des Schweizer Filmemachers Fernand Melgar gezeigt hat.

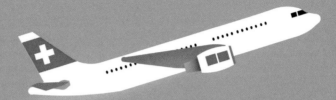

Ein unsichtbarer Ort,
um Unerwünschte zu deponieren

Das BAZ in Genf ist für die Einwohnerinnen und Einwohner Genfs ein fast unsichtbarer Ort. Es liegt isoliert in einem Gebiet ohne Wohnhäuser und ist durch eine Umfassungsmauer abgeschirmt. Diese ist bereits mit einigen empörten Graffitis von Bürgerinnen und Bürgern bedeckt, die sich vereinzelt, aber konstant für das Asylrecht im Land einsetzen. Es werden praktisch keine Bilder aus diesen Zentren in den Medien veröffentlicht, die es uns erlauben würden, eine Vorstellung vom Leben unter Zwang, das sich hinter ihren Mauern abspielt, zu entwickeln. Wir sehen nichts davon, aber die Zentren sind dennoch traurig alltäglich. Sie sind Teil einer globalen Einrichtung von Orten, an denen Exilanten eingesperrt werden, die der französische Anthropologe Michel Agier als »l'encampement du monde«, Lagerwelten, bezeichnet. Es ist dieses Kontinuum von »Lagern« in all ihren Formen – Vertriebenenlager, Flüchtlingslager, provisorische Siedlungen, Transitzonen, Auffanglager oder Verwaltungshaftanstalten –, das von nun an weltweit die bevorzugte Lösung für den Umgang mit unerwünschten Personen ist.

Es ist zu bezweifeln, dass der amerikanische und der russische Präsident bei ihrem Besuch in Genf die Baustelle des Bundeszentrums am Ende der Landebahn bemerkt haben. Dennoch entstand dort, vor ihren Augen, einer der Orte, an dem die Flüchtlinge wahrscheinlich ankamen, die durch den von Wladimir Putin wenige Monate später begonnenen Krieg vertrieben wurden. Für Menschen auf der Flucht vor Gewalt jeglicher Form weltweit ein Ort des Abstiegs, des Wartens und der Gefangenschaft. Die wenigen, die sich in der Schweiz gegen diese unmenschliche Behandlung von Migrantinnen und Migranten wehren, träumen weiterhin davon, die Mauern zu durchbrechen und an ihrer Stelle echte Aufnahmeorte zu errichten.

Im Mai 2022 brach auf der Baustelle des zukünftigen BAZs ein Feuer aus und setzte das Dach eines der Gebäude in Brand. Das Feuer, das auf einen Unfall zurückgeführt wurde, verursachte dichte, kilometerweit sichtbare Rauchschwaden. Vielleicht werden einige darin ein allegorisches Feuer sehen, das die Not der geflüchteten Menschen symbolisiert, die in die BAZ verbannt werden?

Wegbeschreibung

Die Baustelle befindet sich am Chemin du Bois-Brûlé, am nördlichen Ende der Start- und Landebahn des Flughafens Genf-Cointrin. Mit den öffentlichen Verkehrsmitteln fahrt ihr vom Bahnhof Cornavin mit dem Bus F bis zur Haltestelle Grand-Saconnex – Tunnel routier.

Julie de Dardel ist Professorin für Geografie an der Universität Genf. Sie untersucht Räume, die die Grundfreiheiten behindern, wie Gefängnisse und Lager, oder sie im Gegenteil fördern, wie Frauenmobilisierungen. Die Frage, wie Orte durch Machtverhältnisse und Vorstellungswelten – und umgekehrt – geformt werden, fasziniert sie. Wo immer sie hinkommt, brennt sie darauf, zu erfahren, welche spannenden menschlichen Geschichten sich hinter den Fassaden verbergen.

Ein Gebäude auf der Grenze

Hôtel Arbez

61 Route de France, 1265 La Cure (VD, Schweiz)

601 Rue de la Frontiere, 39220 Les Rousses (Frankreich)

Juliet J. Fall

ntlang der Schweizer Grenze, im Waadtländer Jura bei La Cure, verbirgt sich, inmitten von Kuhweiden und Trockenmauern, ein kleiner magischer Ort. Genau genommen ist es eigentlich ein halber Ort, denn wie durch eine Spiegelung steht sein Doppelgänger auf der anderen Seite der Grenze, in Frankreich. Zwei Adressen, zwei Eingangstüren, aber ein Gebäude, das zwischen zwei Ländern liegt: Die Grenze verläuft durch das Gebäude und das Restaurant. Ein Hotel, das seine geografische Ambiguität in einem selbstbewussten Kitsch inszeniert und es dem Besucher auf der Durchreise ermöglicht, ein Glas zu trinken und dabei, buchstäblich, zwischen Stuhl und Bank zu sitzen. Je nach Zimmer kann es sein, dass ein Paar eng umschlungen einschläft … allerdings in zwei verschiedenen Ländern. Die Wände des Hotels schmücken Zeitungsartikel, die die Geschichte der Räumlichkeiten erzählen. Die Grenze wird gezeigt, sichtbar gemacht, aber auch mit milder Heiterkeit verspottet. Im Büro des Hotels werden administrative und buchhalterische Herausforderungen mit Pragmatismus und einer Dosis opportunistischer Kreativität bewältigt.

Ein aus der Grenze geborener Ort

Die lokale Legende besagt, dass sein ursprünglicher Besitzer das Hotel 1862 in Rekord-
zeit auf seinem Grundstück errichtete, wobei er die Unklarheit über den Entscheid zur
Neufestlegung der französisch-schweizerischen Grenze nutzte, der erst im folgenden
Jahr während der Lösung der Dappentalfrage ratifiziert und von der Schweizerischen
Eidgenossenschaft und Seiner Majestät dem Kaiser der Franzosen, Napoleon III.,
unterzeichnet wurde. Ein grosser Teil des betreffenden Gebietes wurde Teil eines
anderen Landes, sodass sich die Bewohner der Region gezwungen sahen, sich innerhalb eines Jahres für eine Nationalität zu entscheiden. Der Eigentümer des Gebäudes,
ein berüchtigter Schmuggler, liess es sich offenbar nicht nehmen, diese geografische
Kuriosität voll auszunutzen, um einen erfolgreichen illegalen Handel zu entwickeln …
Er entschied sich, wie die meisten Bewohner des Dappentals, französisch zu bleiben.
Dies muss die benachbarten Waadtländer Gemeinden, die bei dem Gedanken an einen
möglichen Zustrom neuer katholischer Einwohner verängstigt waren, beruhigt haben.

Seine Nachfahren übernahmen den Ort und erzählten jedem, der es hören wollte, die Geschichten über den illegalen Warenhandel, die Rettung jüdischer Geflüchteter während des Zweiten Weltkriegs und die ländliche Gastfreundschaft, die auf historischer und geografischer Neugier gegenüber anderen beruhte. Bis 2009 verkaufte das kleine Geschäft gegenüber dem Hotel zollfreie Zigaretten und Alkohol und profitierte ebenfalls von seiner ungewöhnlichen, grenzüberschreitenden Lage. Der konstante, aber diskrete Warenverkehr wurde von gut informierten Fahrern gewährleistet.

Schliessungen und Lockdowns

Erst im Frühjahr 2020 und während des »Grossen Lockdowns« aufgrund der Covid-19-Pandemie wurde an diesem ungewöhnlichen Ort ein neues Kapitel geschrieben. Angesichts der gesundheitlichen Notlage wurden die europäischen Grenzen geschlossen, sodass nur Arbeitnehmerinnen und Arbeitnehmer aus sogenannten systemrelevanten Berufen passieren konnten. Auf Feldwegen tauchten ungewöhnliche Betonblöcke zur Absperrung der Grenzübergänge auf. Das Schengen-Abkommen wurde ausgesetzt und die Grenzschutzbeamten erhielten neue Befugnisse. Spontane Touristenbesuche wurden eingestellt. Restaurants in beiden Ländern mussten schliessen. Man verkroch sich zu Hause und richtete sich nach den Ansagen der Behörden, die immer wieder betonten, dass die Sicherheit in der häuslichen Isolation liegt. Doch in einer Region, in der der Geschäftsalltag dazu tendierte, Grenzen zu verwischen, litten einige Menschen mehr als andere unter dieser eingeschränkten Mobilität. Wie zum Beispiel Paare von beiden Seiten der Grenze, die sich lieben, aber nicht – oder noch nicht? – denselben Wohnsitz haben. Von einem Tag auf den anderen waren sie dazu verdammt, in unterschiedlichen Ländern eingesperrt zu sein, ohne einen als gültig erachteten Grund, die Grenze überqueren und sich sehen zu dürfen.

Es dauerte nicht lange, bis sich ein paar scharfsinnige Menschen an die Existenz des im Jura gelegenen, kleinen, hübschen Hotels erinnerten. Während dieser aussergewöhnlichen Zeit waren Reisen innerhalb der Schweiz nicht eingeschränkt, doch für die Einwohner Frankreichs, die strengen Polizeikontrollen unterlagen, ist ein romantischer Ausreisser keine Selbstverständlichkeit. Aber eine diskrete, kurze Autofahrt in Richtung Juragebirge ist dennoch wesentlich einfacher als der Versuch, die internationale Grenze zu überqueren. Das Dorf wurde durch improvisierte Zäune in zwei Hälften geteilt – eine Art getrenntes Klein-Berlin in den Bergen. Das Hôtel Arbez aber reichte durch seine einzigartige Lage und durch seine beiden in zwei verschiedene Länder hinausgehenden Eingangstüren weiterhin auf zwei Welten hinaus. So wurde es zu einem romantischen Ziel für gelegentliche Treffen: ein Ort, an dem Umarmungen, für eine oder zwei Nächte, wahr werden konnten. Das Restaurant, das für Auswärtige geschlossen war, lieferte Mahlzeiten auf die Zimmer; das reduzierte Personal jonglierte wie gewohnt mit den verschiedenen nationalen Gesundheitsvorschriften, die sich ständig änderten.

Die vorübergehenden Grenzschliessungen gehören der Vergangenheit an, und das Reisen ist wieder einfacher. Die Erinnerung an diese aussergewöhnlichen Monate bleibt den Bewohnern dieses grenzüberschreitenden Gebiets jedoch erhalten und bietet ihnen neue Geschichten, die sie künftigen neugierigen Besuchern erzählen können: Die Legende vom kleinen Schmugglerhotel, das für einen Frühling zur Herberge der Liebe wurde.

Der Vertrag von Dappes – 1862 zwischen der Schweizerischen Eidgenossenschaft und Frankreich geschlossen – legte den heutigen Verlauf der internationalen Grenze bei La Cure fest und gab den Bewohnern ein Jahr Zeit, um ihren eventuellen Wunsch nach einem Wechsel der Staatsangehörigkeit kundzutun – und dies, auch ohne umzuziehen.

Wegbeschreibung

La Cure ist über die Linie des kleinen roten Zuges direkt mit Nyon verbunden. Mit dem Auto ist La Cure von Nyon über St. Cergue und dann La Givrine erreichbar. Parkmöglichkeiten im Dorf, auf französischer oder schweizerischer Seite.

Juliet J. Fall ist Professorin für Geografie an der Universität Genf. Sie betreibt eine freie und kreative Geografie, um ihre Neugier auf die Welt und die Orte zu üben und zu erneuern. Im Winter liebt sie es, in ihrem Haus im Juragebirge aufzuwachen und den Hochnebel von oben zu betrachten, während sie sich, mit einer Tasse Tee in der Hand, am Holzofen wärmt.

Das Neuenburger Land im Wandel der Jahreszeiten

Isabelle Schoepfer

Die Strasse schlängelt sich durch Felder und Wälder, klettert den Hügel hinauf bis zu einem Schild am Ortseingang, auf dem folgende Worte zu lesen sind, die dazu auffordern, das Tempo zu drosseln: »Achtung: Unsere Kinder, unsere Alten und unsere Tiere sind unser Glück – Schritttempo fahren«.

Obstbäume, an denen Mistelkugeln haften, säumen die Wiesen zu beiden Seiten der Vy d'Etra, einem Überbleibsel der römischen Strasse, die einst diesen Landesteil durchzog. Ringsum Hügel, die noch grün sind, auf denen das Gras aber spärlicher wird, und gepflügte und für den Winter vorbereitete Felder. Weinreben mit goldgetränkten Blättern, reife und saftige Trauben, die die gesamte Wärme eines vergangenen Sommers in sich tragen.

Drei Pappeln, riesige Wächter im Feuerkleid, stehen über Fresens wie Leuchttürme in der Nacht. Schwärme von Staren strömen wie Wolken aus ihren Baumkronen. Es wird Herbst. Der unverwechselbare Schrei eines Pfaus ist zu hören. Das Gurgeln und Plätschern von kühlem, klarem Wasser, das aus der Tülle des alten Steinbrunnens fliesst. Ein Traktor, der in der Ferne seine Runden fährt. Der Geruch von Ackerland, Rauch und Sägemehl. Eine friedlich schlafende Katze. Als wir an einem Bauernhof, geschmückt mit verschiedenen landwirtschaftlichen Gegenständen aus einer anderen Zeit, vorbeikommen, steigt uns der Duft eines frisch gebackenen Apfelkuchens in die Nase.

Die angrenzenden Bauernhöfe prägen mit ihren Dächern im Bresse-Stil, ihren rauchenden Schornsteinen und den riesigen Getreidesilos das Dorfbild. Die Häuser haben grosse Scheunentore, die wie grosse Mäuler bereit sind, Heuballen zu verschlingen, und kleine Fenster, die an langen Winterabenden verhindern, dass Kälte eindringt. Ein paar Pflanzen ranken sich an den alten Mauern entlang. Scharlachrote Geranien beginnen sich zu entfalten. Asphaltstrassen mit Rissen; in Grautönen gefärbte, im Laufe der Jahre zusammengeflickte Abschnitte, wirken wie Narben, die stets gepflegt wurden, aber dennoch verraten, dass das Leben nicht unfallfrei verläuft.

Besuch bei der
alten Dame von Fresens

Eine Dame erscheint auf einer Türschwelle. Sie trägt eine lange graue Schürze, eine fliederfarbene Bluse und einen Wollschal über ihren mageren Schultern und dem gebeugten Rücken. Ihr Haar, gekämmt und gepflegt, ist weiss wie der Schnee, der bald die Landschaft bedecken wird. Die lebhaften, schelmischen Augen, die dieses faltige Gesicht erhellen, erinnern an eine strahlende und fröhliche Jugend, die nun jedoch verblasst ist. Fleissige, faltige Hände, eine auf einen Stock gestützt, die andere sich sanft erhebend, um ein Zeichen zu geben: »Folgen Sie mir.« Sie lächelt sanft.

Ein einladendes Interieur, dunkel, aber warm. Ein Familienstammbaum breitet sich an der Küchenwand aus, seine Blüten sind Fotos von breit lächelnden Kindern. Eine Tür zu einem anderen Raum gibt den Blick frei auf ein riesiges, mit kleinen Origami-Tieren geschmücktes Bücherregal, einen Korb voller Wollknäuel und einer angefangenen Strickarbeit. Der Raum ist erfüllt vom Duft frisch gebackener Kekse: Bretzeli nach traditionellem Rezept. Auf dem Küchentisch stehen zartrosafarbene, geblümte Tassen, über die Jahrzehnte verblasst, die sorgfältig auf goldumrandete Untertassen abgestellt sind, die sonst nur sonntags zum Einsatz kommen.

Am Kamin sitzend erzählt die alte Dame. Mit strahlenden Augen erinnert sie sich an das Klassenzimmer der ehemaligen Schule am Place de la Guêpe, wo Schülerinnen und Schüler im Alter von sechs bis zwölf Jahren gemeinsam unter dem wohlwollenden Blick der Lehrerin lernten. Die Kleineren sassen vorn, neben dem einzigen alten Ofen, der den hölzernen Raum erwärmte und den über die Nacht gefrorenen Inhalt der Tintenfässer wieder löste. Sie erzählt vom Schnee von damals und von den wilden Rennen den Hügel hinunter, um mit ihren Klassenkameraden und -kameradinnen – die in den letzten Jahren nach und nach verstarben – die Sekundarschule in Saint-Aubin zu erreichen. Sie erinnert sich an eine Zeit, bevor es Kühlschränke gab, in der das Gemüse noch in Erdlöchern im Garten aufbewahrt wurde. Eine Zeit, in der Pferde für die Feldarbeit noch nicht durch Traktoren ersetzt worden waren. Eine Zeit … sie hält einen Moment inne und richtet ihren sehnsuchtsvollen Blick auf den Teelöffel, den sie zwischen ihren Fingern dreht. Sie steht langsam und etwas unsicher auf, stützt sich auf die Tischkante, um ein Holzscheit ins Feuer zu legen. Die Furchen in ihrem Gesicht zeichnen ein gelassenes Lächeln.

Die letzten Herbstblätter werden mit der aufkommenden Brise weggeweht. Die Sonne über Fresens geht langsam unter. Das Blau des Sees verdunkelt sich und die Wolken färben sich rosa. Ein letzter Sonnenstrahl erlischt und gibt den Schatten der Pappeln frei – Fresens, sanft bewacht, schläft ein.

Die Vy d'Etra ist eine von den Römern in der gallorömischen Zeit angelegte Strasse in der Schweiz. Sie verbindet Genf mit Augusta Raurica (heute Kaiseraugst) bei Basel und führt vorbei an Fresens, einem Dorf im Areuse-Tal, von wo aus man herrliche Wanderungen in einer unberührten Landschaft unternehmen kann.

Wegbeschreibung

Vom Bahnhof SBB Gorgier-St-Aubin nehmt ihr den Bus, der euch durch die Weinberge von Vaumarcus zum Dorf Fresens bringt. Wer Lust auf Bewegung hat, kann von Gorgier-St-Aubin aus den Hügel hinaufspazieren, wie es früher die Kinder von Fresens taten, um zur Schule in St-Aubin zu gelangen.

Isabelle Schoepfer ist Generalsekretärin der ASG und Forscherin an den Universitäten Neuenburg und Freiburg. Ihre Forschungsthemen sind Urbanität, Alter und Imaginäre Geografie. Vielleicht begegnet ihr ihr beim Wandern auf dem Brienzergrat, beim Radfahren im Lavaux oder beim abendlichen Joggen am Ufer der Limmat – aber ganz bestimmt in Bewegung und mit einem breiten Lächeln auf den Lippen.

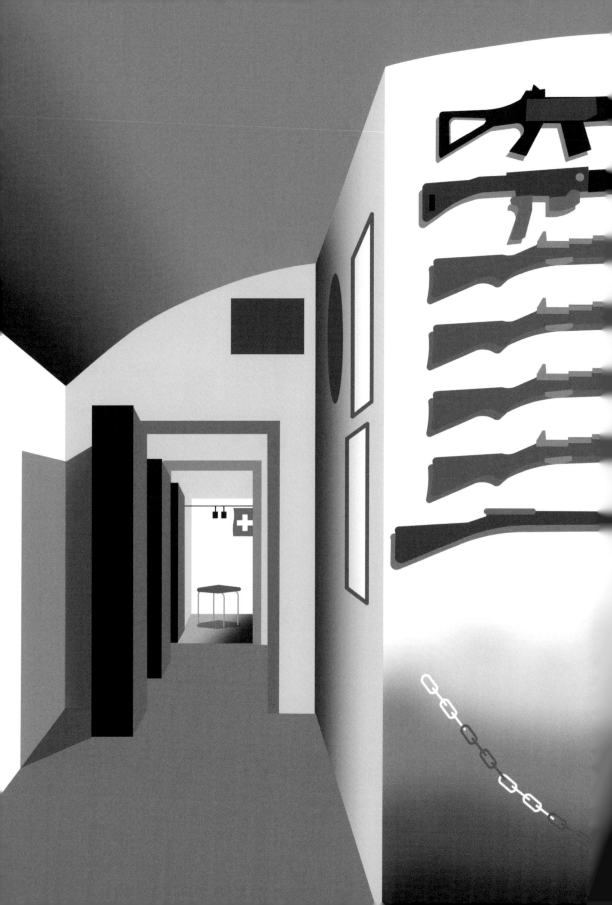

Überleben im Bunker, kämpfen im Berg

Infanteriebunker Valangin (NE)

Francisco Klauser

Der Eingang in den Berg ist getarnt und gepanzert. Durch einen engen Betonkorridor gelangt man in das Innere, vorbei an alten Waffen, einer vergilbten Schweizerfahne und Vitrinen mit militärischen Erinnerungsstücken, zur Schiesskammer mit Beobachtungsscharte und Panzerabwehrkanone. Der Geruch ist leicht muffig, angereichert von einem Hauch Gewehrfett – und Fonduearoma vom letzten Vereinsabend in der ehemaligen Truppenküche, die noch etwas tiefer im Gestein verborgen ist.

Der ehemalige Infanteriebunker in Valangin (gebaut zwischen 1940 und 1942) gehört heute dem Verein Profortins, der es sich zum Ziel gesetzt hat, die kantonalen militärischen Denkmäler des 20. Jahrhunderts im Gedenken an den Einsatz früherer Generationen zu bewahren und der Öffentlichkeit zugänglich zu machen.

Gesellschaftliche Neuentdeckung des Schweizer Untergrunds

Mit der Liquidierung eines Grossteils der militärischen Anlagen der Schweiz im Zuge verschiedener Armeereformen wurden Bunker zu einem Gegenstand des Heimatschutzes. Damit wurden sie zum Spielball neuer gesellschaftlicher Vorstellungen und Nutzungsformen. Eine Internet-Suche zeigt: Ehemalige Militärbunker beherbergen heute Hotels, Data Centers, Firmenarchive, Museen, Weinkeller, Käselager, Pilzkulturen und Gemüsebeete, Feuerwerksdepots, Partyclubs und Dominastudios. Der Umfang dieser gesellschaftlichen Neunutzung ist gewaltig. Allein mit der Armeereform 95 wurden rund 13 500 Einzelobjekte der Armee liquidiert, vom Einmann-Bunker bis zum kilometerlangen Artilleriebunker mit unterirdischer Fabrik, Armeespital und Lagerhalle.

Dadurch wurde offiziell, mit welcher Konsequenz die Idee des Réduits nicht nur auf einer diskursiven und symbolisch-identitätsstiftenden, sondern auch auf einer materiellen Ebene umgesetzt und während des Kalten Krieges ausgebaut wurde. Es entstand ein komplexes System von Kontrollpunkten und Sperrstellen (wie jene von Valangin), Verbindungsachsen, Korridoren und Schleusen, Verteidigungslinien und Sicherheitsringen, Stollen und Schächten. Eingebettet in die topografischen Gegebenheiten der Schweiz wurde eine zugleich horizontale als auch vertikale Militärgeografie der Schweiz geschaffen. Sie befestigte Raum nicht nur, sondern erschloss ihn auch, sie organisierte und verteidigte nicht nur das Territorium, sondern erweiterte es auch zum Erdmittelpunkt hin.

Streng geheim: Gemäss Medienberichten von Ende 2022 verzögert sich die Fertigstellung der zweiten Gotthardröhre. Den Bohrarbeiten des Strassentunnels tief im Berg kamen geheime Militärbunker in die Quere. Diese müssen nun angepasst werden. Alles Weitere ist geheim.

Bunker als Atmosphäre

Es ist eng und beengend in dieser unterirdischen Welt. Tief in die Festung Valangin führt eine schmale Leiter weiter nach unten, durch einen vertikalen Schacht, zur ehemaligen Truppenunterkunft, inklusive Dieselgenerator und Belüftungsanlage. Bunker sind auch geteilte Atemumgebungen, ummauerte Luftvolumen. In anderen ehemaligen Bunkern profitieren heute die Käselagerung und Pilzproduktion von den künstlich geschaffenen Mikroklimata unter Tag.

Dabei sind Bunker auch in einem übertragenen Sinne klimatechnische Leistungen, das heisst atmosphärische Raumschöpfungen auf einer psychisch-affektiven Ebene. In Bunkern soll nämlich ein Klima der Solidarität entstehen, einer schützenden Blase der geteilten Hoffnung, aber auch des geteilten Schicksals, in der die Versammelten kraft ihres Zusammenseins selbst raumbildend wirken. Heute noch ist eine ganz spezielle Atmosphäre im Bunker Valangin spürbar, wobei diese eher nostalgisch als martialisch wirkt. Zu museal sind die feinsäuberlich aufgereihten Gewehre im Eingangskorridor, die Tassen mit Schweizerkreuz in der Vitrine, die Funkzentrale samt Brustbild des Generals Guisan. Hier werden nicht nur Objekte, sondern auch Gefühle, Ansichten und Vorstellungen konserviert, irgendwo zwischen Mythos und Relikt, Kameraderie und Kampf, Vergangenheit und Gegenwart. Es sind auch diese Ambivalenzen und Spannungen, die die Stimmung im Bunker ausmachen.

Die bildhafte Erzählung
der Alpenfestung

Die atmosphärische Dimension des Bunkers Valangin lässt sich auch auf eine gesamtschweizerische Ebene heben. Das Réduit existierte nicht nur als Alpenfestung, in Stein gemeisselt und in Beton gegossen, sondern auch als bildhafte Erzählung. Das heisst, sie war ein Gleichnis von staatlicher Wehrhaftigkeit, Immunität, Zusammengehörigkeit und von physischem Schutz, wenngleich dieser hauptsächlich der männlichen Landesregierung und -verteidigung vorbehalten war. Dabei schwang immer auch die Gefahr mit, dass die Schweiz als Festung (im Berg und in den Köpfen) zu einer Schweiz als selbst gewähltes Gefängnis werden könnte – wie es Friedrich Dürrenmatt provokativ ausgedrückt hat –, dass also dieses Schweizer Verteidigungsmodell der verschachtelten Raumtiefe zu einer gelebten Geografie der Isolation führen würde … Die hunderttausendfach gebauten privaten Luftschutzkeller übersetzten dieses Modell gewissermassen ins Alltägliche. Das militärische Höhlengleichnis der Schweiz wurde auch privat in Besitz genommen und räumlich ausgedrückt.

Dementsprechend geht es heute nicht nur um die praktische Umnutzung spezifischer militärischer Anlagen, sondern auch um die Frage der damit einhergehenden identitätspolitischen Komponente. Wenn die Alpenfestung der Schweiz auch als Erzählung nationaler Immunität zu verstehen ist, was bedeutet deren Liquidierung für das nationale Selbstverständnis und Sicherheitsgefühl von heute? Auf welches Fundament, im materiellen wie auch im symbolischen Sinn, kann und soll sich die Schweizer Landesverteidigung heute abstützen, nachdem ihr Untergrund von Computerservern, Weinflaschen und Hotelbetten belegt ist?

Wegbeschreibung

Mit dem Bus ab Neuchâtel (Place Pury) ist Valangin in ca. zehn Minuten zu erreichen (Haltestelle Valangin centre). Dann zu Fuss zwei bis drei Minuten vorbei am Schloss Valangin Richtung Neuchâtel zurücklaufen. Der Bunker befindet sich leicht erhöht im Berg.
Für Besuche des Bunkers ist der Verein Profortins zu kontaktieren:
https://profortins.com/

Francisco Klauser ist Professor der politischen Geografie an der Universität Neuenburg. Er untersucht die Auswirkungen der Digitalgesellschaft auf unseren Alltag und setzt sich dabei mit Themen der Überwachung, der Smart City und des Smart Farming auseinander. Er liebt den Wind in den Haaren und die Freiheit im Herzen auf seinem Gravelbike. Auf seinen Touren über die Hügel und durch die Täler des Umlandes vergisst er seinen Job und fühlt sich doch umso mehr als Geograf.

Vom Hagneckkanal zum hydraulischen Patriotismus

Hagneck (BE)

Yannick Rousselot

Wir befinden uns im zuckrigen Herzen der Schweiz, in Aarberg. Ein süsslicher Geruch durchtränkt die Luft. Plötzlich stösst der Weg entlang der Aare auf ein Hindernis. Das natürliche Flussbett ist kaum mehr als ein Bach, während das Wasser in einen Kanal mündet, der direkt in Richtung Jura führt. Wenn man ihm folgt, erinnert er an die vielen Kanäle, die – bis zum Aufkommen von Zügen und motorisierten Fahrzeugen – für die Warenströme in der Schweiz und im übrigen Europa so wichtig waren. Sogar die Schotterstrasse entlang des Wassers lässt an die Treidelpfade der Kanäle im Süden Frankreichs, des Rheins in Deutschland oder des Naviglio Grande in Mailand denken.

Doch hier ist weit und breit kein Last- oder Frachtkahn in Sicht. Vor dem Jura erhebt sich ein Hügel, der Gebirgskamm, der das Südufer des Bielersees begrenzt, und man fragt sich, ob man nicht auf eine Sackgasse zusteuert. Allmählich lässt sich dann erahnen, dass der Hagneckkanal durch diesen Berg gegraben wurde. Die Ausdehnung der Öffnung (35 Meter Tiefe) lässt keinen Zweifel: Es handelt sich um einen Wechsel des (unterirdischen) Wassereinzugsgebiets.

Nach der Brücke, die über den Kanal führt, endet dieser am Hagneck-Staudamm. Letzterer stellte für den Kanton Bern eine wichtige Stromquelle durch das Elektrizitätswerk Hagneck AG dar, das später in Bernische Kraftwerke AG (BKW Energie AG) umbenannt wurde. Nach einem Jahrhundert treuer Dienste wurde es Anfang der 2010er-Jahre umgebaut. Die ehemalige Turbinenstation ist mittlerweile stillgelegt und der Wasserlauf darunter wurde »re«-naturiert. Die Verwendung dieses Begriffs bekommt eine andere Bedeutung, wenn, wie hier, von der Renaturierung eines ausschliesslich künstlichen Wasserlaufs die Rede ist.

Den Lauf der Geschichte
zurückverfolgen

Gehen wir noch einmal 150 Jahre zurück. Die Juragewässerkorrektion wurde im letzten Drittel des 19. Jahrhunderts durchgeführt, um wiederholte Überschwemmungen an den Ufern des Drei-Seen-Lands sowie im an die Aare angrenzenden Seeland bis nach Solothurn zu bekämpfen. Sie diente auch dazu, sehr fruchtbare Böden freizulegen, insbesondere durch die Trockenlegung des grössten Sumpfgebiets der Schweiz, des Grossen Mooses. Diese Region hat sich mittlerweile, zusammen mit der Orbe-Ebene, zu einem der wichtigsten »Getreidespeicher« der Schweiz entwickelt. Eine derart grundlegende Veränderung der Landschaft und der Umwelt wäre in der heutigen Zeit glücklicherweise nicht mehr möglich. Es war also nicht so sehr der unwiederbringliche Fortschritt, der es ermöglichte, die Widerstände gegen den Kanal zu überwinden, insbesondere in Bezug auf ökologische Herausforderungen, sondern vielmehr der Wille, das Seeland zu sanieren, ein Gebiet, das chronisch von Überschwemmungen heimgesucht wurde, die Ackerkulturen und sogar Siedlungen zerstörten.

Die Juragewässerkorrektionen

Konkret ging es darum, die Aare von ihrem natürlichen Verlauf durch das Seeland in den Bielersee umzuleiten. Dies wurde mit der Kanalisierung der bestehenden Wasserläufe zwischen dem Murten- und dem Neuenburgersee sowie zwischen Letzterem und dem Bielersee kombiniert, damit die Seen bei schweren Unwettern als Pufferbecken genutzt werden können. Dadurch konnte auch der durchschnittliche Seespiegel um rund zwei Meter gesenkt werden.

Eine zweite Korrektur, die in den 1960er- und 1970er-Jahren nach starken Überschwemmungen in den 1940er-Jahren durchgeführt wurde, ermöglichte es, den Pegel dieses hydraulischen Systems durch den Bau eines Regulierwehrs am Ausgang des Bielersees noch besser auszugleichen, bevor es in die Aare einmündet. Dies diente auch dazu, den Wasserstand der drei Seen um einen weiteren Meter zu senken. Wie im Fall der Rhone im Wallis scheint jede Korrektur auf längere oder kürzere Sicht eine neue zu erfordern. Im Gegensatz zum Walliser Beispiel steht die berühmte dritte Korrektur jedoch vorerst aus.

Der Hagneckkanal steht vielleicht am deutlichsten für die fortschreitende Industrialisierung und für den Wunsch, natürliche Prozesse im 19. Jahrhundert in der Schweiz gleichzuschalten. Bei den Überschwemmungen von 2005 und 2007 drohte er zu brechen. Glücklicherweise haben die vor zehn Jahren begonnenen Arbeiten den Kanal damals verstärkt. Wer weiss, was die aussergewöhnlichen Überschwemmungen im Sommer 2021 sonst hätten auslösen können? Mit dem Klimawandel könnten diese viel häufiger auftreten als in der Vergangenheit.

Durch die Entwässerung des Grossen Mooses und der Orbe-Ebene in Verbindung mit der Juragewässerkorrektion, konnten grosse Sumpfgebiete für die Landwirtschaft freigelegt werden. Dadurch senkte sich der Boden jedoch um mehr als zwei Meter – eine nicht unproblematische Folge für die Landwirtschaft und Infrastruktur.

Ein Riesenprojekt im Seeland

Die erste Gewässerkorrektion, die 23 Jahre andauerte, war für ihre Zeit ein Mammutprojekt. Sie konnte nur dank des politischen und finanziellen Engagements der neuen Schweizerischen Eidgenossenschaft erreicht werden, die dies als »nationale Herausforderung« ansah. Dies könnte dem jungen Staat gedient haben, seine Fähigkeit zu demonstrieren, ein Grossprojekt durchzuführen und als Vermittler bezüglich der politischen Spannungen zwischen den Kantonen und Städten in diesem neuen Wasserraum zu agieren. Die erste Rhonekorrektur, die zur gleichen Zeit durchgeführt wurde, diente auch als Aushängeschild und Wohlstandsförderer für den Ingenieurstaat. Die moderne Schweiz vollzog ein national(istisch)es Projekt der Selbstbehauptung durch Technik und Grandiosität, das die Landschaft der Drei-Seen-Region nachhaltig und weitgehend schön umgestaltete.

Wegbeschreibung

Zu Fuss: Nehmt den Zug vom Bahnhof Biel in Richtung Ins. Nach 20 Minuten steigt ihr an der Haltestelle Hagneck aus (Halt auf Verlangen). Von der Station aus folgt ihr dem Wanderweg weiter bis zum Hagneck-Staudamm am Ufer des Bielersees.
Mit dem Fahrrad: Wunderschöne Fahrt entlang der Aare von Bern bis nach Aarberg (ca. zwei Stunden), dann noch eine halbe Stunde entlang des Hagneckkanals bis zum Bielersee.

Yannick Rousselot ist Postdoktorand in Politischer Geografie und Klimaphilosophie an der Universität Bern. Er untersucht die ökologischen und klimatischen Ungerechtigkeiten im Zusammenhang mit Wasser und die Spuren, die sie auf dem Land hinterlassen. Nichts macht ihn glücklicher, als bei einem Familienausflug mit dem Velo entlang der Areuse, Aare oder Venoge zu radeln.

Orte der Vergangenheit, Orte der Zukunft

Die Zeit hinterlässt ihre Spuren in uns Menschen genauso wie in Orten. Orte sind so etwas wie das materielle Gedächtnis der Erde. Eingeschrieben an jedem Ort sind die Prozesse, die ihn über Jahre, Jahrzehnte und Jahrmillionen geprägt haben. Manche dieser Prozesse sind leicht erkennbar; andere wiederum eröffnen sich nur dem geschulten Auge.

Als Geografin und Geograf wird man zu einer Art Ortsdetektiv: Man lernt die Orte und ihre Geschichte zu lesen, sie Schicht um Schicht freizulegen. Der steile Hügelzug, bei dem man auf dem Velo so ins Schnaufen kommt? Eine Seitenmoräne des Rhonegletschers. Der plötzliche Knick in der sonst schnurgeraden Hauptstrasse? Hier stand früher ein Bauernhof. Die flache Uferzone in sonst so steil abfallendem Gelände? Von Menschenhand aufgefüllt für die Landesausstellung Expo.

Doch nicht nur widmen sich die Geografin und der Geograf der Vergangenheit, ihr Feld behandelt ebenso die Zukunft von Orten.

Auch Zukunft wird an Orten gemacht. Und jeder einzelne Ort zählt. Welche der vielen möglichen Zukünfte tatsächlich entstehen wird, ist ein gesellschaftlicher Aushandlungsprozess mit ungewissem Ausgang. Doch diese unterschiedlichen, oft konfliktgeladenen Territorialisierungen werden massgeblich das zukünftige Gesicht der Schweiz bestimmen. Ob das Kartoffelfeld am Stadtrand zu einer Wohnsiedlung wird, zu einem Park, zur Umgehungsstrasse – oder ob es Kartoffelfeld bleibt –, widerspiegelt – tausendfach an verschiedenen Orten der Schweiz wiederholt –, wohin sich die Schweiz als Land bewegt und was ihr wichtig ist.

Die vielleicht spannendsten Zukünfte sind aber diejenigen, die nicht vorhersehbar sind und uns überraschen. Im Fachjargon spricht man dann von »nichtlinearen Zukünften«. Also von radikalen Brüchen mit dem bisher Dagewesenen. Solche Brüche sind notwendig, um aus bekannten Mustern auszubrechen und neue Wege aufzuzeigen.

Einige Orte der Vergangenheit und der Zukunft:

Wie wäre es mit einer Stange »made in Franches«?

Die Brasserie des Franches-Montagnes, Saignelégier (JU)

Loïc Bruening

In Saignelégier wurde 1997 die Brasserie des Franches-Montagnes (Insider sagen »BFM«) gegründet. Der damals 23-jährige Jérôme Rebetez, ein junger taignon (wie die Bewohner der Freiberge genannt werden), verfolgte als frisch diplomierter Absolvent der Hochschule für Weinbau in Changins das Ziel, im Herzen seiner Heimatregion Bier herzustellen. Er nahm am Fernsehwettbewerb »Le rêve de vos 20 ans« teil und gewann, was ihm ermöglichte, seinen Traum von einer eigenen Brauerei zu verwirklichen. 24 Jahre später bietet die BFM eine grosse Auswahl an charaktervollen Bieren an. Jede und jeder findet hier sein malziges Glück, vom La blonde des Franches, einem Durstlöscher, bis hin zum Abbaye Saint-Bon Chien, das 2009 von der *New York Times* zum besten eichenfassgelagerten Bier gewählt wurde.

Im Bier vereint

Für die Einheimischen ist die BFM weit mehr als eine Brauerei. Es ist auch und vor allem ein Ort der Begegnung, des Wiedersehens und der Geselligkeit in einer ausgelassenen und abwechslungsreichen Atmosphäre. Neben der Brauerei beherbergt die BFM auch eine Bar, in der man etwas essen kann. Die BFM, Wahrzeichen des jurassischen Hochplateaus, bietet regelmässig Konzerte (organisiert von hop'scène), veranstaltet ein Sauerbierfestival (La Saint-Bon Chien and friends), ist Mitorganisatorin und Gastgeberin der Arrivée de la Flèche Brassicole (einer Fahrradtour und Bierdegustation ausgehend von der Brasserie de la Meute in La Chaux-de-Fonds) und hat den öffentlichen Brauereibetrieb im November ins Leben gerufen. Das verrückte und teils absurde Design in der BFM passt zu der festlichen Stimmung, auf die die Freiberger, die keine Selbstironie scheuen, so stolz sind. In gleicher Weise werden in der BFM auch aussergewöhnliche Veranstaltungen erdacht, wie z. B. die Schweizer Meisterschaft im Indoor-Camping und der berühmte Wettbewerb im Cervelat-Schnitzen. Im Laufe der Jahre ist der Besuch der BFM zu einem Muss geworden, wenn man in die Freiberge reist, genauso wie der Besuch des Moorsees Étang de la Gruère oder des Sommêtres-Felsen. Die Aura dieser Institution reicht weit über die Grenzen der bewaldeten Weiden hinaus. Jetzt, wo wir mit dem Ort vertraut sind, lade ich euch zu einem Feierabendbier ein!

La petite sœur, die kleine Schwester, ist in diesem Fall keine direkte Verwandte. Man begegnet ihr meist am späten Freitagnachmittag, wenn einer der Gäste, an den langen Tischen sitzend, Mühe hat, den Durst zu stillen. Die kleinen Schwestern sind sehr anhänglich und können am nächsten Tag unangenehme Kopfschmerzen verursachen.

Die BFM lockt alle Generationen von Freibergerinnen und Freibergern an, versammelt und vereint sie. Dies gilt insbesondere freitags am Ende des Tages, wenn es an der Zeit ist für den unvermeidlichen Apéro. Beim Betreten der Brauerei durch die Eingangstür betört einen der Geruch der Biere mit ihrem angenehmen Bouquet. Der Blick fällt auf eine endlos scheinende Metallbar, die mit einem Dutzend verrückt aussehender Bierzapfanlagen geschmückt ist. Die Wahl fällt schwer angesichts der Auswahl an Blond, Rot, Dunkel und Bernstein. Sobald man sich an einen Tisch gesetzt hat, um das kostbare bernsteinfarbene Getränk zu geniessen, fallen einem die gestapelten Fässer gegenüber auf, in denen die Lagerbiere reifen. Was für eine Wand, die nur darauf wartet, konsumiert zu werden! Vor allem aber ist man von Freundinnen und Freunden sowie einer guten Portion Verbundenheit umgeben. In diesem Moment befindet man sich buchstäblich im Herzen der Brauerei, von der Herstellung bis zur Verkostung.

Hoch die Gläser!

Begleitet von einem fröhlichen »santé«, klingen schon bald die Gläser. Ein freundschaftliches Klopfen auf den Rücken lässt nicht lange auf sich warten. Das Gelächter dröhnt einstimmig wie ein Chor in der Kirche. Hier kennt fast jeder jeden und man nennt sich beim Spitznamen. Nachdem die anfängliche Unruhe nachgelassen hat, ist es üblich, dass ein Sitznachbar la petite sœur empfiehlt. In dieser Tradition gibt jeder eine Runde an die anderen Tischnachbarn aus. Die Zunge beginnt sich zu lockern. Man erzählt sich gegenseitig von der Arbeitswoche, erinnert sich an Anekdoten und Eskapaden aus der Jugend und hält sich über den regionalen Klatsch auf dem Laufenden. Die Sorgen und der Stress der Arbeitswoche sind nur noch Schaumspuren am Glasrand. Aber was wäre ein Apéro in der BFM ohne Tête de Moine-Rosetten (ein typischer, zylinderförmiger Käse aus der Region, der mithilfe einer girolle gegessen wird), begleitet von ein paar Scheiben Wurst mit Biersenf? Trinken ist gut, aber es ist wichtig, etwas im Bauch zu haben, wenn man bis zum Konzert von hop'scène durchhalten will.

Wenn am frühen Abend die Sonne untergeht, wird das Publikum immer jünger. Die jungen Wölfe strecken ihre Schnauzen aus, während die alte Garde sich erholt. Nachdem man ein herzhaftes Gericht aus der Brauereiküche verschlungen hat, ist es Zeit, sich für das Konzert zu setzen. Den Hintern fest auf die Bank gedrückt und links und rechts die Kumpels, und schon hallen die ersten Rock-'n'-Roll-Töne durch die Brasserie. Die Stimmung elektrisiert sich im Rhythmus der sich leerenden Krüge. Man sitzt nicht lange, es wird getanzt und falsch gesungen. Manchmal werden in einem feierlichen Moment heftige Gefühle der Freundschaft verkündet. Die Zeit vergeht schnell, viel zu schnell. Es ist Zeit zu schliessen. Der gefürchtete Moment kommt. Soll man mit dem Nachtbus nach Hause oder das verlockende Angebot annehmen, einen letzten »Kaffee« mit der Nachteule der Band zu trinken? Die Wahl liegt ganz bei euch!

Wegbeschreibung

Die Brasserie des Franches-Montagnes (BFM) befindet sich in Saignelégier, Hauptort des Bezirks Freiberge. Saignelégier liegt etwa 30 Minuten mit dem Zug von La Chaux-de-Fonds (nehmt die kleine rote Bahn) und 50 Minuten von Delémont entfernt.

Loïc Bruening promovierte am Institut für Geografie der Universität Neuenburg. Seine Forschung befasst sich mit der Dynamik zwischen Umweltveränderungen und Migration in Westafrika. Als grosser Geniesser schätzt Loïc das Kochen und die Geselligkeit, die mit einem guten Essen einhergeht. Vor allem aber liebt er es, mit seinem treuen Begleiter Harlekin auf den bewaldeten Weiden der Freiberge ausgiebige Ausritte zu machen. Obwohl er Geograf ist, hat er einen schlechten Orientierungssinn.

In der Badewanne der Dinosaurier

Combe de la Sot bei Mettembert (JU)

Nikolaus Kuhn

Die Combe de la Sot ist ein einzigartiger Ort, der die geologische Geschichte der Schweiz auf kleinster Fläche veranschaulicht. Gut versteckt im tiefen Wald, verbindet sie die Hochfläche von Brunchenal an der Flanke des Höhenzugs Plain de la Chaive mit dem Tal des Ruisseau de Mettembert, drei Kilometer nördlich von Delémont. Die Wanderung von Delémont in die Combe de la Sot an einem Frühlingstag mit ersten Maiglöckchen führt mich zunächst über eine typische Juraweide bergab in einen dichten, alten Waldbestand. Dort überrascht mich jedes Mal die hohe, schmale und fast senkrecht stehende Felswand. Sie ist kaum dicker als eine Hauswand und lässt gerade genug Platz für den Wanderweg. Hinter diesem schmalen Durchgang formen flach ansteigende Seiten einen länglichen Kessel, dessen gegenüberliegendes Ende jedoch auch wieder von fast senkrechten Felswänden gebildet wird. Ein kleines, natürliches Amphitheater!

Diese einmalige Form der Combe de la Sot entsteht durch steile Felswände, die sich an den Seiten gegenüberliegen und die von einer schmalen Öffnung durchbrochen werden. Der flache Boden mit seinem offenen Bestand an alten Bäumen und die Abschirmung durch die Felswände suggerieren Ruhe und Schutz. Dieser Eindruck wird durch die Marienstatue verstärkt, die in einer kleinen Grotte in der nördlichen Felswand steht und zum Innehalten und Nachdenken über die Bedeutung des Ortes für die Menschen im Laufe der Zeit einlädt.

Die Formung des Juragebirges

Die Combe de la Sot selbst ist etwa 300 Meter lang und 100 Meter breit; die Schichten der umgebenden senkrechten Felsen ragen bis zu 30 Meter auf. Auffallend ist dabei, dass die Combe quer zum Hang sehr aufgeweitet ist. Im Faltenjuragebirge sind solche Täler nicht selten, insbesondere dann, wenn während der Gebirgsbildung die Gesteine nicht nur gefaltet, sondern aufgrund des starken seitlichen Drucks auch aufgebrochen wurden. Häufig sind von den Falten nur einzelne Gesteinspakete als alleinstehende Felswände erhalten.

Mit Stolz können die Combes des Juragebirges auf eine lange Geschichte zurückblicken: Die Gesteine, die heute den grössten Teil des Juragebirges bilden, wurden während dem Jura, dem Erdzeitalter vor 150 bis 200 Millionen Jahren, in einem flachen Meer abgelagert. Bei den Gesteinen handelt es sich dementsprechend um verfestigte Meeresablagerungen. Nach der Ablagerung und Verfestigung der Sedimente lagen die Gesteine zunächst horizontal, bis sie vor 3 bis 7 Millionen Jahren in der späteren Phase der Hebung der Alpen von der Kollision der afrikanischen mit der eurasischen Kontinentalplatte ebenfalls seitlich eingeengt, gefaltet und teilweise gebrochen wurden.

Dieser ersten Phase der Gebirgsbildung des Juragebirges folgte in den Kaltzeiten eine starke Erosion durch Frost und Eis sowie in den Warmzeiten eine Formung durch fliessendes Wasser. Die Hauptrichtung der Entwässerung folgte dabei den durch die Faltung vorgegebenen Tälern. Senkrecht dazu haben sich aber auch Gewässer eingefressen. Insbesondere wurden die grossen Klusen wie in Moutier oder Balsthal so tief, dass sie die Täler des Jura inzwischen miteinander verbinden. Dort, wo die Gebirgsbildung Gesteinsschichten aufgerichtet und zerbrochen hatte, konnten sich durch Verwitterung und Erosion grössere, oft von harten Steilwänden durchzogene Kessel und Becken bilden. Die typischen Combes des Jura.

Im jurassischen Sprachgebrauch bezeichnet *sot* ein Trockental. Dies ist überraschend, denn nicht nur sind die *sots* durch Verwitterung und Abtrag durch Wasser entstanden, sondern entstand auch der überwiegende Teil der Gesteine in den Schweizer Bergen in einem Meer. War die Schweiz also die Badewanne der Dinosaurier?

Die Entstehung eines natürlichen Amphitheaters

Faszinierend ist aber die Frage, wie das Amphitheater der Combe de la Sot entstehen konnte. Hier können wir nur spekulieren. Grundsätzlich kann jedoch davon ausgegangen werden, dass der Hohlraum zwischen den Felswänden, die heute die Combe begrenzen, mit einem Sediment gefüllt gewesen ist, das einfacher zu verwittern und zu erodieren war als die darüber- und darunterliegenden. In einem Flachmeer ist es beispielsweise vorstellbar, dass sich eine Sandbank als Folge von Meeresströmungen ausgebildet hat. Dieser Sand hat sich zwar auch verfestigt, ist jedoch weniger stabil als das ihn umgebende Gestein. Er verwittert daher schneller und wird weggespült. Zurück bleiben die härteren Wände aus Kalkstein, welche die nördliche und südliche Galerie der Combe de la Sot bilden.

Ganz wie in einem künstlich errichteten Amphitheater erzählen die Gesteine und Formen der Combe de la Sot also eine Geschichte von Wandel, Aufbau und Verfall, die Vergangenheit und Gegenwart miteinander verknüpft.

Wegbeschreibung

Vom Bahnhof Delémont durch das Städtchen Richtung Soyhières wandern und dann über den Berg in Richtung Mettembert.

Nikolaus Kuhn ist Professor für Physiogeografie und Umweltwandel an der Uni Basel. Ziel seiner Forschung und Lehre ist es, die Wirkung einzelner Prozesse an der Erdoberfläche auf den Planeten Erde als Ganzes zu verstehen. Ihn faszinieren offene und extreme Räume, dementsprechend hat er sich neben der Arbeit in Trockengebieten schon mit der Landnutzung der Wikinger auf Grönland, den Orten, an denen man Spuren von Leben auf dem Mars finden könnte, sowie der Landdegradierung in Tolkiens Mittelerde befasst.

Zurück zur Wildnis

Bettlachstock (SO)

Philipp Bachmann

D ichtes Farngestrüpp und hohes Gras verdecken den schmalen Pfad zum Bettlachstock hinauf. Ein vermoderter Baumstamm liegt am Wegrand. Eine Reihe sturmerprobter Föhren neben abgestorbenen Fichten, ein geknickter Baum neben üppig blühendem Weissdorn – der natürliche Prozess der Verwaldung und Verwilderung ist hier in vollem Gange.

Am oberen Ende des Alten Stockwegs eröffnet sich uns ein neues Landschaftsfenster. Vor uns liegt eine grosse, ungemähte Wiese mit Einzelbäumen, einer zerfallenen Trockenmauer, hohen Karden und vielen Brennnesseln. Ein paar Steinhaufen im Gras, ein Zementboden und ein notdürftiger Unterstand zeugen noch vom alten Bauernhaus, das einst auf dem Bettlachstock stand.

Der Inselberg

Der Bettlachstock trägt seinen Namen zu Recht. Wie ein riesiger Baumstrunk ragt der Bergstock oberhalb von Bettlach aus der vordersten Jurakette heraus. Auf drei Seiten von fast senkrechten Flanken begrenzt, ist das Hochplateau nur von Süden durch einen steilen Bergwald erreichbar. Wenn die Nebelobergrenze im Herbst auf 1200 Metern liegt, ragt der Bettlachstock wie eine Insel aus dem weiten Meer, das sich vom Jura bis zu den Alpen erstreckt.

Es ist einsam auf dem Inselberg. An Werktagen verirren sich nur selten Menschen auf den »Bettlestock«, wie der Bettlachstock von den Einheimischen genannt wird. Verständlich, denn es gibt keine Attraktionen auf dem Berg: keine Beiz, keinen Kletterfels, auch keine Wochenendhäuschen. Nicht einmal ein markierter Wanderweg führt auf sein Hochplateau.

Das war früher anders. Bis 2014 stand ein Bauernhaus auf dem Bettlachstock, das von der Bürgergemeinde Bettlach bis 1985 als Landwirtschaftsbetrieb verpachtet wurde. Das Leben auf 1246 Meter über Meer war jedoch hart. Da eine Wasserquelle fehlt, musste Regenwasser in Zisternen gesammelt werden, um Mensch und Tier zu versorgen. Zwar gab es einen Elektrizitäts- und Telefonanschluss. Die Zufahrt über ein steiles Naturträsschen, die einzige Verbindung ins Dorf, bot jedoch immer wieder Probleme, speziell im Winter. So konnte der Berghof nie rentabel bewirtschaftet werden.

International anerkanntes Faulenzen: Der Verzicht auf Bewirtschaftung wurde 2021 von der UNESCO mit der Ernennung des Bettlachstocks zum Weltnaturerbe »Alte Buchenwälder« honoriert. Nichtstun lohnt sich!

Mut zum Nichtstun

Im Jahr 1985 beschloss der Kanton, auf dem Bettlachstock ein Naturschutzgebiet einzurichten. Es war ein mutiger Entscheid – vergleichbar mit demjenigen von Andreas Speich, Stadtforstmeister von Zürich, der im selben Jahr den 1000 Hektar grossen Sihlwald zum Naturwald ohne jegliche forstwirtschaftliche Nutzung erklärte. In beiden Fällen brauchte es viel Überzeugungsarbeit bei der Bevölkerung. Wie kann man bloss ohne Not auf einen wirtschaftlichen Ertrag verzichten? Immerhin konnte die Bürgergemeinde Bettlach auf die schwierige Erschliessung am Bettlachstock verweisen. Denn schon damals war die Forstwirtschaft im steilen Juragelände defizitär.

Mit dem Inkrafttreten des kantonalen Naturschutzvertrags löste die Bürgergemeinde den Pachtvertrag mit der Bauernfamilie auf dem » Bettlestock « auf. Nur die Wiesen und Matten dienten noch bis ins Jahr 2000 als Sömmerungsweiden. Der Bauernhof stand leer und verkam allmählich.

Was tun mit einem stillgelegten Gebäude? Eine Umnutzung in eine Bergbeiz oder ein Ferienhaus kam aus raumplanerischen Gründen nicht infrage, denn das Haus befand sich nicht nur in einem kantonalen Naturreservat, sondern auch in der Juraschutzzone des Kantons Solothurn, die seit 1943 alle » nicht zweckgebundenen Bauten « in dieser Zone verbietet. Faktisch besteht hier seit den 1940er-Jahren ein Bauverbot für alle nichtlandwirtschaftlichen Gebäude.

Gleichzeitig sollten in einem kantonalen Schutzreservat aber auch keine ungenutzten Bauten herumstehen. Somit war klar, dass das Bauernhaus auf dem Bettlachstock früher oder später abgerissen werden musste. 2014 war es so weit. Da ein konventioneller Abbruch mit schweren Baumaschinen wegen des schwer zugänglichen Geländes nicht möglich war, beauftragte der Kanton die Armee mit der Sprengung des Gebäudes. Am 16. Juli 2014 löste sich das Haus auf dem » Bettlestock « mit einem gewaltigen Knall in Staub auf.

Wegbeschreibung

Mit dem Regionalzug von Solothurn oder Grenchen nach Bettlach und mit dem Bus B 31 nach Bettlach, Allmend. Von dort zu Fuss auf der Bettlachbergstrasse bzw. auf abkürzenden Waldwegen zum Stockmätteli aufsteigen und entweder direkt oder auf dem Oberen Stockweg zur Stelle, wo früher das Bauernhaus stand, auf den Bettlachstock hinaufwandern.

Unesco-Weltnaturerbe Bettlachstock

Seit 1985 ruht der Forstbetrieb am Bettlachstock. Die Wälder sind sich selbst überlassen und »verwildern« allmählich. Nun zeigt sich, dass sich der Mut zum Nichtstun gelohnt hat. Im Juli 2021 wurde das 195 Hektar grosse Naturreservat am Bettlachstock zum UNESCO-Weltnaturerbe »Alte Buchenwälder« erklärt. Begründet wird die hohe Auszeichnung mit der seit 1985 konsequenten Nichtnutzung des Waldes und dem Vorhandensein von uralten Buchenbeständen. Die ältesten Buchen stammen gar aus der Zeit des Wiener Kongresses (um 1815). Dass sie heute noch im Wald stehen, ist hauptsächlich der unzugänglichen Lage an den steilen Hängen des Bettlachstocks zuzuschreiben. Die Holzerei ist dort seit jeher ein mühsames Geschäft.

Wildnis versus Kulturlandschaft

Bis in die Neuzeit galt der Wald allgemein als Ort der Wildnis. Im Wald lebten die wilden Tiere, die Ausgestossenen und Vogelfreien, wie zum Beispiel der Räuber Hotzenplotz. Im Wald, so die Vorstellung, galt das Gesetz der Natur, das Recht der Stärkeren. Auf dem kultivierten Land und in der Stadt herrschte jedoch das Gesetz des Menschen beziehungsweise des Königs und des Papstes, die ihre gesetzgeberische Gewalt von Gott herleiteten. Hier der (christliche) Garten Eden, dort die (heidnische) Wildnis. Dazwischen verlief die Grenzlinie von Kultur und Natur.

Für die Menschen früherer Zeiten war die urtümliche Natur furchterregend und ihre »Zähmung« eine grosse Kulturleistung. Der Boden musste dem Wald, d. h. der Wildnis abgetrotzt, gleichsam der Natur entrissen werden, bevor er bebaut, d. h. kultiviert werden konnte. Das Produkt ihres Anbaus nannten die Bauern und Bäuerinnen folgerichtig »Kultur« (Getreidekultur, Obstbaumkultur). So ist aus der ursprünglichen Naturlandschaft im Laufe der Jahrhunderte eine Kulturlandschaft entstanden.

Ab dem 19. Jahrhundert gab es in der Schweiz keine Urwälder mehr, nur noch übernutzte Forste, die unter dem ungeheuren Holzbedarf der energiehungrigen Fabriken litten. Heute kennen wir in unserer hochzivilisierten, durchorganisierten Welt so etwas wie eine Sehnsucht nach einer Gegenwelt, wo das Chaos herrscht. Vielleicht brauchen wir die Wildnis, um uns von der Ordnung zu erholen.

Philipp Bachmann ist promovierter Geograf und passionierter Wanderer. Seit seiner Pensionierung als Geschäftsleiter des Verbands Geographie Schweiz (ASG) durchstreift er die Jurahöhen und den Alpenbogen, entdeckt immer wieder Neues und beschreibt seine geografischen Erkenntnisse in informativen Wanderbüchern. Am liebsten aber sitzt er im Rundloch hoch über Oberdorf, geniesst die Ruhe und betrachtet die Schweiz von oben.

Betreuerinnen organisieren sich

Privathaushalt (BL) / Gewerkschaftsgebäude beim Claraplatz in Basel (BS)

Jennifer Steiner

Etwas zerrissen, so fühle sie sich oft, erzählt Julia Z. Zwischen dem Hier und Dort, dem Reiheneinfamilienhaus in der Basler Agglomeration und dem kleinen Städtchen etwas südlich von Warschau, ihrer Heimat. Aber auch zerrissen zwischen der Notwendigkeit, die Ausbildung ihrer zwei Söhne zu finanzieren, und dem Wunsch, es würden sie nicht für die Hälfte des Jahres mehr als 1000 Kilometer von den beiden trennen.

Julia Z. arbeitet während sechs Monaten im Jahr als Betagtenbetreuerin in der Schweiz. In den Medien wird ihr Beruf meist als » Pendelmigrantin « bezeichnet. Sie ist eine von Tausenden Mittel- und Osteuropäerinnen – die meisten sind Frauen –, die in einem Rotationssystem jeweils für ein paar Wochen am Stück in die Schweiz reisen, um hier eine ältere Person in deren Zuhause zu betreuen. Man spricht auch vom sogenannten Live-in-Modell: Während ihres Arbeitseinsatzes wohnt Julia Z. im Haushalt der betreuungsbedürftigen Person, in ihrem Fall des 86-jährigen Hans K., der an einer mittelschweren Demenz leidet. Sie wohnt im kleinen Gästezimmer des sonst geräumigen, zweistöckigen Hauses. Sie kocht für Hans K., kümmert sich um den Haushalt und ab und zu auch um den Garten, hilft beim Aufstehen und bei der Körperpflege, und ist ganz oft auch einfach da: für einen Spaziergang, beim abendlichen Fernsehprogramm, aber auch, wenn sich seine Machtlosigkeit gegenüber der fortschreitenden Demenz in einem Wutanfall äussert.

Würdige Alternative – für wen?

Seit zwei Jahren arbeitet Julia Z. für Hans K. – jeweils für zwei Monate, dann wird sie von einer anderen Betreuerin abgelöst und reist für dieselbe Zeitspanne zurück nach Polen. Oft sei sie sehr erschöpft auf ihrer Rückreise.

»Es ist eine schöne, aber harte Arbeit«, erzählt sie.

Angestellt ist Julia Z. bei einer Firma, die sich auf die Rekrutierung von polnischen Betreuungskräften spezialisiert hat. Mehr als 60 solche Firmen gibt es mittlerweile in der Schweiz: Mit der Osterweiterung der Personenfreizügigkeit 2011 ist ein Markt entstanden, auf dem spezialisierte Agenturen Arbeitskräfte für eine sogenannte 24-Stunden-Betreuung an Privathaushalte vermitteln. Fast alle werben sie mit dem Versprechen einer »Rund-um-die-Uhr-Verfügbarkeit« ihrer Betreuungskräfte und mit einer »würdigen« Alternative zum Pflegeheim.

Genaue Zahlen dazu, wie viele Live-in-Betreuerinnen und -Betreuer in Schweizer Privathaushalten arbeiten, gibt es nicht. Fest steht, dass sie einer grossen Zahl betagter Menschen ermöglichen, trotz Betreuungsbedarf in ihren eigenen vier Wänden zu bleiben – und dass sie gleichzeitig deren (oft weibliche) Angehörige sowie das hiesige Pflegesystem entlasten. Zusammen mit dem Argument, dass die Betreuenden von Schweizer Löhnen profitieren könnten, vermarkten die Betreuungsagenturen ihr Angebot gerne als Win-win-Situation für alle Beteiligten.

Dass die Sache nicht ganz so einfach ist, zeigen Medienberichte mit Schlagzeilen wie »Senioren-Betreuung mit schlechten Arbeitsbedingungen« oder »Jetzt wehren sich die Tieflohn-Pflegerinnen«.

Die Gefühle der Zerrissenheit und der Erschöpfung, die Julia Z. beschreibt, sind ganz typisch für das Live-in-Modell: Dieses bringt nicht nur eine Trennung von der eigenen Familie mit sich, sondern ist auch durch lange Arbeitszeiten, spärliche Freizeit und tiefe Löhne charakterisiert. Julia Z. verdient 3000 Franken brutto pro Monat – oder genau genommen pro zwei Monate. Kalkuliert man ihren Pendelrhythmus und die Fixkosten mit ein, die in Polen auch während ihrer Abwesenheit anfallen, bleiben ihr am Ende des Monats knapp 1000 Franken. Von Live-in-Betreuenden wird in der Regel erwartet, dass sie fast rund um die Uhr abrufbereit sind. Dabei werden aber meist nur vordefinierte Zeiten als Arbeitszeit bezahlt.

All das ist auch deshalb möglich, weil im Privathaushalt geleistete Arbeit in der Schweiz nicht dem Arbeitsgesetz unterstellt ist. Im Dezember 2021 hielt das Bundesgericht in einem wegweisenden Entscheid jedoch fest, dass für Angestellte von Betreuungsagenturen das Arbeitsgesetz dennoch gelten soll. Wie (und wie schnell) dieser Entscheid umgesetzt wird, wird sich noch zeigen.

Es sind Umstände, die es Betreuenden massiv erschweren, sich zu vernetzen und für bessere Arbeitsbedingungen einzustehen: Der isolierte Charakter ihres Arbeitsplatzes und die starken wirtschaftlichen und emotionalen Abhängigkeiten, die Sprachbarrieren und ihre hochmobile Lebensweise schaffen eine schwierige Ausgangslage für jede Form von Organisierung.

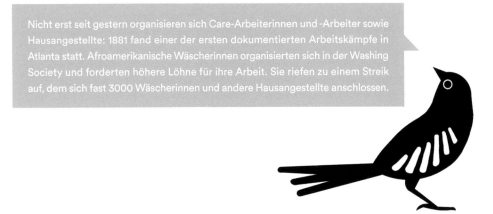

Nicht erst seit gestern organisieren sich Care-Arbeiterinnen und -Arbeiter sowie Hausangestellte: 1881 fand einer der ersten dokumentierten Arbeitskämpfe in Atlanta statt. Afroamerikanische Wäscherinnen organisierten sich in der Washing Society und forderten höhere Löhne für ihre Arbeit. Sie riefen zu einem Streik auf, dem sich fast 3000 Wäscherinnen und andere Hausangestellte anschlossen.

»Nicht mit uns!«

Wer jedoch aufmerksam die Zeitung liest, weiss: Trotz dieser Herausforderungen haben sich Live-in-Betreuende in der Schweiz in den letzten Jahren punktuell erfolgreich vernetzt und organisiert. Julia Z. ist eine von ihnen. Es ist Sonntagmorgen, ihr »freier« Tag. Nachdem sie für Hans K. das Frühstück zubereitet hat, verlässt sie das Haus und nimmt den Regionalzug nach Basel. Alle zwei Monate trifft sie sich im Gewerkschaftsgebäude in der Nähe vom Claraplatz mit anderen Betreuenden.

Die Gruppe nennt sich »Respekt@vpod« und ist seit ihrer Gründung 2013 eine basisgewerkschaftliche Untergruppe des VPOD (Verband des Personals öffentlicher Dienste). Derzeit zählt »Respekt@vpod« gut 60 Mitglieder. An ihren sonntäglichen Treffen in einem Sitzungsraum der Gewerkschaft informieren sich die Betreuenden über ihre Rechte und tauschen sich über Probleme aus. Daneben haben sie sich unter dem Motto »24h Arbeit, 6h Lohn? Nicht mit uns!« durch öffentlichkeitswirksame Gerichtsverfahren gegen Betreuungsagenturen einen Namen gemacht.

Indem sie die Bezahlung aller geleisteten Arbeitsstunden vor Gericht einfordern, verlangen Julia Z. und ihre Kolleginnen und Kollegen mehr als blosse Lohnnachzahlungen: Sie werfen ein Schlaglicht auf die Abwertung von Betreuungs- und Pflegearbeit in unserer Gesellschaft und fragen: Was bedeutet es, wenn diese Tätigkeiten an Arbeitskräfte aus Ländern mit tieferen Einkommensniveaus ausgelagert werden, die zu prekären Arbeitsbedingungen beschäftigt sind?

Julia Z.s Zugreise an jenem Sonntag – vom Privathaushalt ins Gewerkschaftsgebäude – ist somit auch symbolisch zu verstehen: Die Betreuenden, deren Arbeit im Haushalt meist unsichtbar bleibt und oft auch nicht als solche anerkannt wird, bringen ihre Anliegen in eine öffentliche Sphäre und fordern die Anerkennung ihrer Tätigkeiten als »Arbeit wie jede andere auch«.

Wegbeschreibung

Vom Bahnhof Basel SBB mit dem Tram in 10 Minuten zum Claraplatz. Hier an der Rebgasse 1 befindet sich das Gewerkschaftsgebäude, in dem sich auch die Gruppe » Respekt@vpod « trifft, um sich zu vernetzen und auf die prekäre Situation aufmerksam zu machen, die mit dem Live-in-Modell einhergehen kann.

Jennifer Steiner ist Wirtschaftsgeografin und hat ihre Dissertation am Geographischen Institut der Universität Zürich zum Thema Care-Migration zur Betagtenbetreuung im Privathaushalt geschrieben. Innerhalb der Geografie interessierten sie immer jene Subdisziplinen, die sich mit sozial-räumlichen Ungleichheiten auseinandersetzen. Jennifer möchte schon lange einmal die Aussicht vom Camoghè geniessen.

Gesetze gestalten Orte

Gesetze gestalten Orte. Das haben wir auf unserer Reise schon mehrfach erfahren. Sehr augenfällig im Bundesasylzentrum Cointrin in Grand-Saconnex, aber auch in Sisikon im Restaurant Tellsplatte, wo Aufenthalts- und Arbeitsgenehmigungen den Ort für die einen zum zeitlich begrenzten Arbeitsort machten und sichtbar wurde, dass nicht alle dieselben Rechte haben. Und denkt ans Hotel Arbez in La Cure, das mitten auf der Grenze zwischen der Schweiz und Frankreich steht. Dass hier mit Schmuggel, aber auch Tourismus das Aufeinandertreffen von zwei verschiedenen Gesetzesräumen auf verspielte, teilweise auch auf sehr eigensinnige Art genutzt wurde, kann man sich lebhaft vorstellen. Diese Beispiele haben uns aber auch gezeigt, dass die den Orten eingeschriebenen Gesetze und Regeln – die in Aushandlungsprozessen meist fernab dieser Orte entstanden sind – aktiv infrage gestellt werden können.

Es ist nicht immer offensichtlich, welche Regeln und Normen an einem Ort gelten und diesen mitgestalten. Manchmal ist es erst ein Missverständnis oder eine Irritation, die Regeln und Normen fühl-, sicht- oder hörbar machen – und einem zeigen, dass einem Ort eingeschriebene Regeln und Normen durchaus auch mehrschichtig sein können.

Egal, ob klar ersichtlich, subtil oder mehrschichtig – in Orte eingeschriebene Gesetze, Regeln und Normen beeinflussen nicht nur, wie Orte genutzt werden, sondern auch, ob und wer sich einem Ort und zu welchen Momenten zugehörig fühlt. Die Biografie einer Person kann dabei ebenso ausschlaggebend sein wie soziale Kategorien. Gleichzeitig stellt sich hier auch die Frage, inwiefern eine nicht empfundene Zugehörigkeit dazu führen kann, dass Orte negativ belegt oder gar gemieden werden. Oder anders gefragt – welche Anstrengungen sind nötig, damit auch an solchen Orten Zugehörigkeit hergestellt werden kann?

Einige von Gesetzen gestaltete Orte:

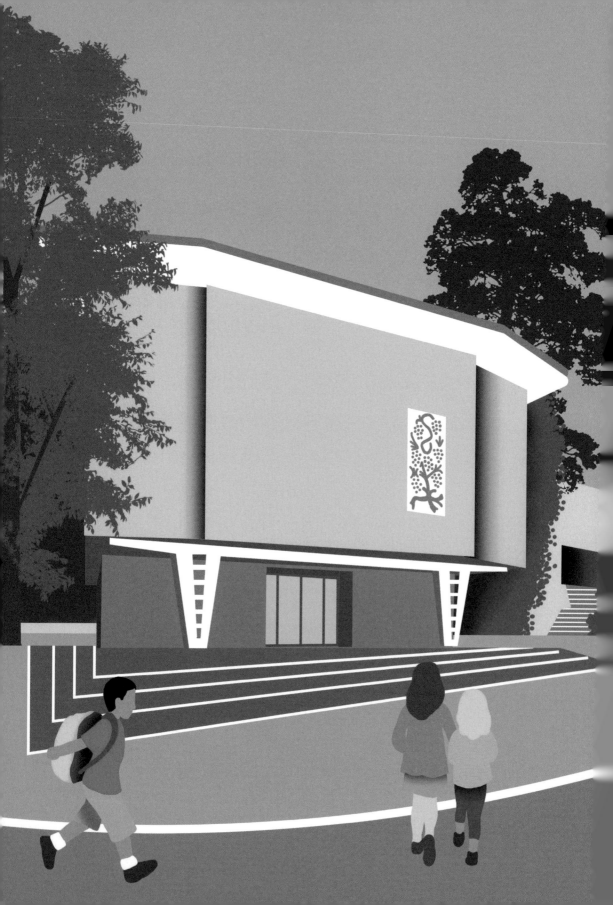

Der Chancenort Wiedikon

Kirchgemeindehaus in Zürich Wiedikon (ZH)

Sara Landolt

Samstagvormittag im reformierten Kirchgemeindehaus Bühl in Zürich Wiedikon, in der Pause zwischen Mathematik- und Deutschstunde: Abraham und Binh spielen Tischfussball, Aisha und Mila tanzen zu Musikclips auf Milas Handy, Alicia, Bahar und Emilia unterhalten sich über die kantonale Aufnahmeprüfung ans Gymnasium. Alle sind sie sehr gute Schüler und Schülerinnen und möchten nach Abschluss der Primarschule das Gymnasium besuchen. Im Kanton Zürich wechseln Schülerinnen und Schüler bereits nach der Primarschule in das sogenannte Langzeitgymnasium. Dafür müssen sie eine sehr selektive Aufnahmeprüfung bestehen.

An diesem Samstagvormittag bereiten sie sich im Rahmen des Vorbereitungskurses der Bildungsinitiative »Chance Wiedikon« gemeinsam mit Frau Müller, der Mathematikmentorin, und Herrn Faber, dem Deutschmentor, auf diese Prüfung vor. »Chance Wiedikon« wurde mit dem Ziel gegründet, solche Kurse kostenlos für talentierte Kinder aus sozial benachteiligten Familien anzubieten.

Alicia, Bahar und Emilia sprechen oft über die Aufnahmeprüfung. Es beschäftigt sie, ob sie im Frühling gut genug darauf vorbereitet sein und diese bestehen werden. Im Primarschulhaus Chriesiweg in Zürich Altstetten, wo die drei Mädchen die sechste Klasse besuchen, sind solche Gymi-Prüfungsgespräche eher selten. Denn ihr Schulkreis Zürich-Letzi ist einer mit einer eher tiefen Übertrittsquote, wie die Bildungsstatistik des Kantons Zürich zeigt. 2022 haben es 16 Prozent aller Sechstklässler und Sechstklässlerinnen dieses Schulkreises ans Gymnasium geschafft. Zum Vergleich: Im reichen Schulkreis Zürichberg waren es 36 Prozent, also mehr als doppelt so viele. Diese räumlichen Differenzen sind nicht zufällig, sondern hängen mit der Bevölkerungszusammensetzung der einzelnen Schulkreise zusammen. Denn die Wahrscheinlichkeit, in der Schweiz ein Gymnasium zu besuchen, ist nicht nur von den Leistungen der Schüler und Schülerinnen abhängig, sondern auch von ihrer sozialen Herkunft. Kinder aus einkommensschwächeren, bildungsferneren und fremdsprachigen Haushalten besuchen das Gymnasium seltener als Kinder mit denselben schulischen Leistungen aus sozioökonomisch privilegierten Familien.

Verschärfung sozialer Bildungsungleichheiten?

In Wiedikon ist die Pause zu Ende. Die dreizehn Kinder aus verschiedenen Vierteln der Stadt Zürich sitzen konzentriert an ihren Pulten und hören genau zu, wie Abraham seinen Lösungsweg einer Flächenberechnung erklärt, die sie zuvor alle selbstständig zu lösen versucht haben. Frau Müller nickt anerkennend, Binh runzelt die Stirn und kritzelt etwas auf sein Blatt, Bahar setzt einen kleinen Haken hinter ihr Ergebnis und lächelt zufrieden.

Die dreizehn Kinder von » Chance Wiedikon « sind bei Weitem nicht die einzigen, die sich in ihrer Freizeit intensiv auf die Prüfung vorbereiten. Das Angebot an kommerziellen Vorbereitungskursen in Zürich ist riesig und reicht von Intensivwochen bis hin zu mehrmonatigen Kursen, die mehrere Tausend Franken kosten. Das hat auch die Diskussion zur Chancengleichheit neu befeuert. Denn für Kinder aus ärmeren Familien stellen solche teuren Kurse eine weitere Hürde auf dem Weg ans Gymnasium dar.

Frau Huber, die Primarlehrerin von Alicia, Bahar und Emilia, erklärt, dass es in Zürich Altstetten viele Kinder aus Familien gibt, die mit einem tiefen Einkommen haushalten müssen. Diese Kinder sprechen mehrere Sprachen und haben oft Eltern, die das Schweizer Bildungssystem nicht aus eigener Erfahrung kennen. Dies sei auch bei Alicia, Bahar und Emilia so. Und dies alles seien Dinge, die beim Übertritt in die Oberstufe eine Bedeutung hätten. Beispielsweise würden diese Kinder oft in engen Raumverhältnissen wohnen und hätten keinen eigenen Ort, um in Ruhe zu lernen. Weiter erzählt sie, dass selbst Alicia, deren Muttersprache Deutsch ist, im Hinblick auf das Deutschniveau am Gymnasium wohl Defizite habe. Denn » sie redet zu Hause einfach nicht ein Deutsch, das Kinder aus Akademikerfamilien reden. Aber für mich ist klar: Das ist ein Mädchen, das ans Gymi muss. Sie hat so viel drauf und ist intelligent und wissbegierig. « Sie habe keinen Moment gezögert, diese drei Mädchen für » Chance Wiedikon « zu empfehlen.

Würdet ihr die Aufnahmeprüfung ans Gymi bestehen? Versucht's! In der Zehn-uhrpause liegen Brezel bereit. 3/5 der Brezeln sind mit Butter bestrichen, die restlichen nicht. Nur 3/7 von den Butterbrezeln werden gegessen. Daher blei-ben 12 Butterbrezeln übrig. Wie viele Brezeln lagen insgesamt zu Beginn der Pause bereit?

»Chance Wiedikon« – Ort der Unterstützung, Ort des Widerstands?

Seit Alicia, Bahar und Emilia die sechste Klasse besuchen, fahren sie jeden Mittwoch-nachmittag und jeden zweiten Samstagmorgen mit dem Bus von Zürich Altstetten zum Goldbrunnenplatz in Zürich Wiedikon und gehen die Goldbrunnenstrasse bis zur Bühlstrasse hoch, um dort im Kirchgemeindehaus Bühl den Prüfungsvorbereitungs-kurs zu besuchen.

        Als Verein organisiert und durch Spenden finanziert, startete »Chance Wiedi-kon« im Schuljahr 2016/17 mit dem ersten dieser kostenlosen, sieben Monate dauernden Prüfungsvorbereitungskurse speziell für Kinder aus einkommensschwachen Familien. Auf das Schuljahr 2020/21 hin konnte der Verein sein Angebot verdoppeln und bietet neu zwei Vorbereitungskurse pro Jahr an. Nichtsdestotrotz wird seitens der Bildungs-initiative selbstkritisch angemerkt, dass ihr Angebot schlussendlich nur ein Tropfen auf den heissen Stein sei. Doch egal, wie klein der Impact-Faktor des Programms in Zahlen ausgedrückt sein mag, der Wert für die Kinder, die Zugang dazu haben, ist gross. Denn Teil davon zu sein bedeutet für sie sowohl kompetente Unterstützung zu bekommen als auch andere Kinder mit ähnlicher Ausgangslage kennenzulernen, um sich gemeinsam auf den langen Weg ans – in mehrerlei Hinsicht weit entfernte – Gymnasium zu machen.

Wegbeschreibung

Zum Kirchgemeindehaus Bühl in Zürich Wiedikon kommt man vom Hauptbahnhof Zürich am besten mit dem Tram 14 (bis zur Haltestelle Goldbrunnenplatz). Von hier aus führt einen die Goldbrunnenstrasse in wenigen Minuten sowohl zum Kirchgemeindehaus Bühl wie auch zum Gymnasium Wiedikon.

Um einen Eindruck in die Situation von Alicia, Bahar und Emilia zu bekommen, fährt man nun am besten vom Goldbrunnenplatz nach Zürich Altstetten (z. B. mit dem Tram 14 bis zur Haltestelle Triemli und von da weiter mit dem Bus 80 zum Bahnhof Zürich Altstetten). Das ist der Weg, den die drei Sechstklässlerinnen jeden Mittwochnachmittag zurücklegten.

Sara Landolt ist Forschungsgruppenleiterin am Geographischen Institut der Universität Zürich. Sie forscht zu Geografien Jugendlicher, hauptsächlich in den Themenbereichen Bildung und Migration. Geografin wurde sie, weil sie sich als Germanistikstudentin am Sommerfest der Geografiestudierenden so wohl fühlte, dass sie das Fach wechselte. Genauso gern wie die Josefstrasse in Zürich mag sie den Piz Belvair.

Unversehens in
der Schuldenspirale

Betreibungsamt 4 in Zürich (ZH)

Rausan Noori & Simon Noori

Frau Rickli verlässt das mondäne Café BANK in der ehemaligen Filiale der Credit Suisse am Zürcher Helvetiaplatz und biegt in die Langstrasse ein. Sie passiert einige Bars und in die Jahre gekommene Kleidergeschäfte und erreicht schliesslich den Kollerhof, einen markanten, halbkreisförmigen Rundbau des Neuen Bauens aus den 1930er-Jahren. Seit einer Renovation im Jahr 2005 beherbergt dieses Gebäude das Kreisbüro 4. Frau Rickli hat hier einen Termin beim Betreibungsamt. Eine Inkassofirma, die im Auftrag anderer Unternehmen offene Forderungen eintreibt, hatte sie auf ungerechtfertigt hohe Weise betrieben. Beim Betreibungsamt soll nun ihr Existenzminimum berechnet werden, das die Grundlage für eine drohende Lohnpfändung darstellt.

Mitten im vielfältigen und aufstrebenden Kreis 4, aber sowohl räumlich als auch symbolisch auf der Rückseite des neoklassizistischen BANK-Gebäudes gelegen, nimmt das Betreibungsamt 4 eine besondere Rolle ein. Mit mehr als 50 Betreibungen auf 100 Einwohnerinnen und Einwohner stellt es pro Jahr mehr Betreibungen aus als jedes andere Betreibungsamt in Zürich. Das Amt wirft folglich ein Schlaglicht auf die Schattenseiten der Bankenmetropole Zürich und verdeutlicht gleichzeitig, wie schnell man in der reichen Schweiz in eine Überschuldungsspirale geraten kann.

Ein gläubigerfreundliches Betreibungssystem

Vorbei an Wandmalereien der Künstlerin Corinne Güdemann steigt Frau Rickli eine offene Steintreppe hinauf in den zweiten Stock, wo sie von einem hoffnungsweckenden Slogan an der Wand empfangen wird: »Ihnen gegenüber ist uns wichtig: Respekt, Höflichkeit, kompetente Bedienung«.

Zuvor hatte sie eine Betreibung erhalten, bei der die ursprünglich geforderte Summe von 500 Franken durch Zinsen, Verwaltungskosten und Betreibungsgebühren auf über 1000 Franken angestiegen war. Die ursprüngliche Rechnung hatte sie aufgrund finanzieller Engpässe im Corona-Lockdown nicht rechtzeitig begleichen können. Kurz nach Ablauf der zweiten Mahnfrist leitete der Gläubiger die Rechnung direkt an eine Inkassofirma weiter. Frau Rickli wollte nicht verstehen, wie sich eine Rechnung innerhalb kürzester Zeit verdoppeln konnte, und war nicht bereit, die gesamte Forderung zu begleichen.

Das Schweizerische Betreibungssystem ist im internationalen Vergleich einzigartig. In keinem anderen europäischen Land ist es möglich, dass Gläubiger bei Einreichung einer Betreibung keinerlei Belege für die angemahnten Forderungen vorlegen müssen. Auch nimmt das Betreibungsamt selbst grundsätzlich keine materielle Prüfung der betriebenen Forderungen vor. Dieses System führt nicht nur leicht zu missbräuchlichen Betreibungen, es zwingt Schuldnerinnen und Schuldner auch in die Arme von Inkassofirmen, die in einem rechtlichen Graubereich agieren und ausstehende Forderungen durch überzogene und oft rechtswidrige Verwaltungsgebühren zusätzliche in die Höhe treiben.

Im Betreibungsamt angekommen, erklärt eine Pfändungsbeamtin Frau Rickli, dass sie innerhalb von zehn Tagen Rechtsvorschlag gegen die Betreibung hätte erheben müssen. Davon hatte Frau Rickli leider noch nie etwas gehört. Durch Verstreichen der Frist ist der Zahlungsbefehl inzwischen aber rechtskräftig geworden. Was ihr nun noch übrig bleibe, sei entweder eine sofortige Zahlung der gesamten Summe, das Einreichen einer zivilrechtlichen Klage oder eben die Berechnung ihres Existenzminimums mit anschliessender Lohnpfändung.

Die Verschuldungsspirale
nimmt Fahrt auf

2020 waren laut Erhebung des Bundesamts für Statistik 42,9 Prozent der Schweizer Bevölkerung verschuldet. Knapp die Hälfte davon lag mit mindestens einer Zahlung im Rückstand. Jeder zehnte Haushalt kämpfte zudem mit mindestens einer Betreibung, deren Anzahl sich in den letzten 20 Jahren annähernd verdoppelt hat. Betrieben werden vor allem Steuer- und Krankenversicherungskosten, aber auch Leasingraten, Konsumkredite und Alimente. Auch kleinere Summen, wie Rechnungen von Online-Bestellungen oder Telefonabos, können eine Verschuldungsspirale in Gang setzen, wenn das Budget ohnehin knapp ist und sich offene Forderungen durch zusätzliche Gebühren der Inkassofirmen zu grösseren Summen auswachsen.

Genau diese Sorge, in eine Verschuldungsspirale zu geraten, geht auch Frau Rickli durch den Kopf, als die Pfändungsbeamtin sie bittet, ihr Einkommen und sämtliche Unterlagen zur Rechtfertigung ihrer Lebenshaltungskosten vorzulegen. Zur Berechnung des Existenzminimums geht die Beamtin von einem Grundbedarf von 1200 Franken für eine alleinstehende Frau aus; zusätzlich werden langfristig maximal 1300 Franken für Miete sowie Berufskosten berücksichtigt. Die Differenz zwischen dem Nettoeinkommen und den berücksichtigten Ausgaben muss dann vom Arbeitgeber direkt an das Betreibungsamt abgeführt werden. Frau Ricklis Gedanken kreisen in diesem Moment um ihre Krankenkassenrechnungen. Ihr monatliches Einkommen ist tatsächlich sehr knapp bemessen und auch mit den Prämien ist sie zuletzt in Rückstand geraten. Da fragt die Beamtin sie, ob sie regelmässig ihre Krankenversicherungsprämien zahle. Da dies nicht der Fall ist, bietet sie ihr an, die Prämien aus dem vom Arbeitgeber überwiesenen Lohnanteil einzubehalten und direkt an die Versicherung weiterzuleiten, da sich diese Kosten oft als nächster Schritt in eine Verschuldungsspirale erweisen.

      Dieses Vorgehen stellt schweizweit eine Ausnahme dar, die in den letzten Jahren in Zürich erprobt wurde und voraussichtlich erst ab 2024 in der ganzen Schweiz eingeführt wird. In anderen Betreibungsämtern werden nicht bezahlte Krankenversicherungsprämien aktuell noch nicht ins Existenzminimum einbezogen, was dazu führen kann, dass bald die nächste Betreibung eintrifft und die Verschuldungsspirale an Fahrt aufnimmt. Zuletzt sind es dann oft die Steuern, die nicht mehr (pünktlich) bezahlt werden können, da diese nie ins betreibungsrechtliche Existenzminimum eingerechnet werden.

Die Schuldenprävention Stadt Zürich, Schuldenberatung Kanton Zürich und JOB SHOP/INFO SHOP (OJA) streben einen bewussteren Umgang mit Geld und die Vermittlung von Wissen über Budgets, Kosten und Finanzen an. Zu diesem Zweck haben sie die Chat-Plattform www.moneychat.ch eingerichtet. Darauf können anonym und unverbindlich Fragen zum Thema Geld gestellt werden, die von Fachpersonen direkt und kostenlos beantwortet werden.

Leben am Rande des Existenzminimums

Auch wenn Frau Rickli erschrickt, wie niedrig ihr Existenzminimum ausfällt: Andere Optionen hat sie nicht. Finanzielle Reserven, um den betriebenen Betrag rasch zu begleichen, besitzt sie keine mehr. Auch wird sie sich kaum eine anwaltliche Vertretung für eine Klage leisten können. Sie muss sich eingestehen, dass es keine Alternative zur Pfändung gibt, und akzeptiert dieses Vorgehen trotz des ungerechtfertigt hohen Betrags.

Auf dem Weg zurück zum Helvetiaplatz wird Frau Rickli aber auch klar, wie machtvoll die Gläubiger in diesem Land sind und wie schnell Menschen durch Schulden und überzogene Gebühren in Abhängigkeit geraten können. Ein Frühstück im Café BANK, das schnell mehr als 20 Franken kostet, wird sie sich in Zukunft nur noch selten leisten können.

Wegbeschreibung

Von Zürich HB mit dem Tram 3 oder 14 bis zur Haltestelle Stauffacher, von dort mit dem Tram 8 zur Haltestelle Helvetiaplatz. Dort rechts in die Langstrasse und 100 Meter zu Fuss bis zur Kreuzung Langstrasse/Hohlstrasse.

Rausan Noori arbeitet als selbstständige Anwältin im Zürcher Advokaturbüro Kernstrasse und war zuvor viele Jahre als Rechtsanwältin im Schulden- und Sozialhilfebereich bei unterschiedlichen NGOs tätig. Aufgewachsen im Kanton Neuchâtel, hat es sie bereits während ihres Studiums nach Zürich verschlagen, wo sie inzwischen beruflich und privat im Kreis 4 heimisch geworden ist.

Simon Noori erforscht als Oberassistent am Geographischen Institut der Universität Neuchâtel, wie staatliche Grenzen kontrolliert werden und wie sich Menschen dennoch immer wieder über sie hinwegsetzen. Geografie ist für ihn daher vor allem eine Frage der Bewegung im Raum – auch wenn er selbst seit mehr als 10 Jahren in Zürich lebt und die Stadt so schnell nicht wieder verlassen möchte.

Die Wohnungsbesichtigungswarteschlange

Kreis 10 in Zürich (ZH)

Hanna Hilbrandt

esichtigung einer 3,5-Zimmer-Wohnung im Zürcher Kreis 10; Termin Nummer 22 in meiner andauernden Wohnungssuche. Erst in zehn Minuten beginnt der Besichtigungstermin, bereits jetzt formiert sich eine vielköpfige Schlange am Rande des Bürgersteigs im Altbauquartier. Wir warten. Es ist mitten am Nachmittag im engmaschig geplanten Arbeitsalltag der Stadt. Vor mir in der Schlange telefoniert eine Frau mit ihrem Partner, für den sie stellvertretend die Stellung hält. Hinter mir kommuniziert die Abgesandte einer Studierenden-WG mit ihren zukünftigen Mitbewohnerinnen, von denen sie befürchtet, sie schafften es nicht rechtzeitig, vor Ort zu sein. Viele in der Schlange schauen auf ihr Handy, organisieren Termine, schreiben Nachrichten und planen den Rest des Tages. Einzelne sitzen mittlerweile auf der Bordsteinkante. Kaum jemand tauscht sich aus. Langsam bewegt sich die Schlange hoch ins Treppenhaus, staut sich aber inzwischen bis ans Ende des Blocks. Wer hinten in der Schlange steht, kommt vielleicht gar nicht mehr dran. Die Stimmung wirkt zunehmend gereizt. Hätte man das nicht besser organisieren können? Lohnt sich das Warten überhaupt?

Langes Anstehen
für überteuertes Gut

Seit einigen Jahren spiegeln sich die Folgen der Zürcher Verdichtungs- und Sanierungspolitik in einem angespannten Mietmarkt. Vielerorts dient die Aufwertung von Wohnraum einer Renditestrategie, bei der immobilienwirtschaftliche Akteure, etwa Schweizer Rentenkassen, Banken und Versicherungsunternehmen, durch die Modernisierung der Gebäudesubstanz immer höhere und teils illegale Profite über die Vermietung von Wohnraum erwirtschaften. Mieter und Mieterinnen erfahren diese Renditegewinne am Mietmarkt durch Wohnungskündigungen – teils grossmassstäbliche Leerkündigungen ganzer Liegenschaften – und den Preisanstieg von Wohnraum. Da Zürich tendenziell weiterhin wächst, ergänzen sich Wohnraummangel und der Anstieg der Mietpreise zu einer erhöhten Gefahr vor Verdrängung in die Aussenbezirke und das Umland und einer zunehmenden Konkurrenz am Mietmarkt. Obwohl die kantonale und kommunale Raumplanung substanzielles Bevölkerungswachstum plant, ist nicht absehbar, dass sie diesen Trend in nächster Zeit bremst. Denn die Produktion und der Erhalt bezahlbaren Wohnraums ist angesichts aktueller Bodenpreise und privatwirtschaftlicher Investitionspolitik stark umkämpft.

Vielköpfige Hydra: Die wachsende Wohnungskrise hat in Zürich und schweizweit vermehrte Aufmerksamkeit auf sich gezogen. Zivilgesellschaft und Politik organisieren sich verstärkt gegen dieses Problem, während sich die Wissenschaft mit Fragen zur Aufwertung von Wohnraum auseinandersetzt. Es bleibt abzuwarten, ob diese Akteure die Warteschlangen verkürzen können.

Mit diesem Druck auf dem Zürcher Immobilienmarkt wird Wohnraum ein Gut, wofür man lange anstehen muss. Aber auch jenseits der Schlange prägen die politischen und ökonomischen Veränderungen der Wohnungsversorgung den Alltag der Zürcher und Zürcherinnen. Die Wohnungssuchenden, in dieser und anderen Schlangen, haben ihr Bewerbungsdossier sorgfältig zusammengestellt. Sie sind darauf eingestellt, stets abrufbar zu sein, um auch sehr kurzfristig angesetzte Termine wahrzunehmen, Referenzen zu nennen und eingehenden E-Mails der Abonnements der Immobilienportale ad hoc nachzurecherchieren, um Bewerbungsunterlagen bereits Minuten nach Aufschalten einer Anzeige mit freundlichen Grüssen an die Hausverwaltung zu senden. Wohnungssuchende warten auf Listen auf einen Platz in einer Wohnbaugenossenschaft oder darauf, stadteigenen und damit oft günstigeren Wohnraum zu erhalten. Einzig eine Vielzahl an temporären Übergangslösungen – möblierte Wohnungen und zum Teil serviced apartments mit überteuerten Kurzverträgen – scheinen in immer grösserer Zahl sofort verfügbar, verlängern aber die Zeit der Unsicherheit und die Suche nach einem dauerhaften Zuhause im Zentrum der Stadt.

Austausch in der Warteschlange

Die Zürcher Wohnungsbesichtigungswarteschlange prägt den Stadtraum nicht dauerhaft. Selbst lange Schlangen in den zentralen Lagen der Stadt fallen kaum auf, bewegen sie sich doch nach kurzer Zeit ins Treppenhaus und lösen sich dann wieder auf. Doch trotz dieser Flüchtigkeit verändert das Warten die Art und Weise, wie wir wohnen, wer wir als Mieter und Mieterinnen sind und unser Verhältnis zu anderen in der Stadt. Ich habe in ca. 22 Wohnungsbesichtigungen wenig Austausch mit anderen Wartenden gehabt; dennoch hört man von Erfahrungen der Unsicherheit und teils wachsendem Druck im Leben der Mieter und Mieterinnen. In der Schlange wurde mir von der Hoffnung berichtet, doch noch mit dem Partner oder der Partnerin zusammenzuziehen, im Quartier zu bleiben, nicht zur Arbeit pendeln zu müssen, die losen Verbindungen im lokalen Café zu halten und den Weg der Kinder zur Schule nicht unzumutbar zu verlängern; aber auch von Gefühlen der Machtlosigkeit: davon, der schlechten Planung und Willkür der Hausverwaltungen und der Unsicherheit des Markts ausgesetzt zu sein.

Oben in der Wohnung legen wir unsere ausgefüllten Interessensbekundungen auf den dafür vorgesehen Stapel. Manche wünschen einander Glück. Wer erfolgreich sein wird, bleibt offen. Aber es zeichnet sich bereits ab: Weiterhin profitieren Bewerber und Bewerberinnen mit hohen Einkommen, festen Jobs, einem gesicherten Aufenthaltsstatus und einem »heimisch« klingenden Nachnamen. Für andere sinken die ohnehin schlechten Chancen auf eine Zusage der Hausverwaltung. Sie treffen sich in der nächsten Wohnungsbesichtigungswarteschlange.

Wegbeschreibung

Eine Wohnungsbesichtigungswarteschlange findet man auch ohne Immobilienportale, wenn man vor allem an März- und Septemberwochenenden aufmerksam
durch die zentralen Altbauquartiere grösserer Städte spaziert.

Hanna Hilbrandt ist Professorin für Sozial- und Kulturgeografie an der Universität Zürich. Die Alltagserfahrung des Wohnens und die politischen und
ökonomischen Bedingungen dieser Erfahrung gehören zu ihren Forschungsthemen. Nach beruflichen Anfängen in der Architektur hat sie in der Geografie
ein neues Zuhause – und inzwischen auch eine Wohnung in Zürich – gefunden.

Unscheinbar effizient: der Geschiebesammler

Döltschibach beim Triemli, Zürich (ZH)

Holger Frey

Unmittelbar oberhalb der Haltestelle Triemli der Uetlibergbahn liegt neben dem Hohensteinweg der Geschiebesammler » Triemlihalde « unscheinbar zwischen Bahnübergang und Waldrand. Hier sammelt sich das Wasser des Döltschibachs, bevor es in einer Röhre im Untergrund verschwindet. Im Gegensatz zu vielen ähnlichen Bauwerken in der Stadt ist dieses Sammelbecken wenig naturnah gestaltet: Der Maschendrahtzaun, der es umgibt, wirkt abweisend, an den Ufern wuchert allerlei Gestrüpp. Fast könnte man von einem Unort sprechen.

Ende des 19. bis Mitte des 20. Jahrhunderts wurden in Zürich, aufgrund der starken Bautätigkeit, praktisch alle der rund 100 Stadtzürcher Bäche am Stadtrand eingedolt und unterirdisch durchs Stadtgebiet geführt. Unter dem Siedlungsgebiet von Zürich erstrecken sich heute über 100 Kilometer unterirdischer Bachläufe. Dabei verhindern sogenannte Geschiebesammler, dass diese Kanäle verstopfen: Durch die Reduktion der Fliessgeschwindigkeit setzen sich in diesen Sammelbecken Sand, Kies, Laub und weitere Schwebestoffe ab, die von den Bächen mitgeführt werden, und es gelangt nur Wasser in die Röhren. Entsprechend müssen diese Geschiebesammler auch regelmässig entleert werden.

Am Übergang verschiedener Räume

Der Oberlauf des Döltschibachs entwässert ein Einzugsgebiet von rund einem halben Quadratkilometer in der Ostflanke des Uetlibergs. Steile Hänge, dichter Wald und ein reicher Schatz an Erosionsformen prägen dieses Gelände zwischen Hohenstein- und Gratweg am Uetliberg. Der Geschiebesammler »Triemlihalde« liegt auch nicht zufällig am Übergang zwischen zahlreichen Räumen: Einerseits trennt der Waldrand dieses steile, scharfkantige Erosionsgebiet des Uetlibergs von seinem flacheren Ablagerungsgebiet, das sich von den Wiesen um das ehemalige Luxushotel Atlantis bis zur Sihl erstreckt und den Untergrund von Zürich-Wiedikon bildet. Andererseits grenzt hier der geordnete und organisierte urbane Raum an den im Kontrast dazu wild und wenig geplant wirkenden Natur- und Naherholungsraum.

Die Grenze zwischen diesen verschiedenen Räumen wird durch die Bahnschranken neben dem Geschiebereservoir verstärkt. Auf der Bergseite der Schranke wird der Döltschibach gefasst und sein Wasser verschwindet im Untergrund – allerdings nur für rund 70 Meter. Denn so wichtig die Eindolung der Bäche im 19. Jahrhundert für die Stadtentwicklung war: Die Bäche wurden schon im nächsten Jahrhundert im Stadtbild vermisst. Im Rahmen des 1988 von der Stadt Zürich erstellten Bachkonzepts wurden daher rund 18 Kilometer verborgene Bachläufe zurück ans Tageslicht geholt und ökologisch aufgewertet. Diese Bachabschnitte verlaufen als naturnah gestaltete Wasserläufe vorwiegend durch Wohnquartiere und sollen gesunde und intakte Lebensräume schaffen. Zudem dienen sie als grüne Adern im Stadtgebiet, bieten Nischen für wichtige Ökosystemelemente und entlasten das städtische Klärwerk, indem das saubere Wasser dieser Bachabschnitte direkt der Limmat zugeführt wird. So wird auch der Döltschibach seit 1995 auf einer Länge von 2 Kilometern an der Oberfläche durch Albisrieden geführt.

Mit einer maximalen Steigung von 7,9 Prozent war die 1875 eingeweihte Uetlibergbahn lange Zeit die steilste normalspurige Adhäsionsbahn Europas. Diese Stellung wurde ihr 2007 durch die Stadtbahn Stuttgart streitig gemacht, die an ihrer steilsten Stelle 8,5 Steigungsprozent überwindet. Adhäsionsbahnen werden nur über die Haftreibung der Räder auf den Schienen angetrieben.

Künstlich natürlich

Die Raumknappheit im Stadtgebiet setzt den freigelegten Bächen aber nach wie vor enge Grenzen. Beim Stadion Letzigrund verschwindet der Döltschibach definitiv im Untergrund, wo er bis zu seiner Mündung in die Limmat beim Höngger Wehr auch bleibt. An der Oberfläche ist in diesem Stadtteil schlicht kein Platz für einen Bach.

Auch sonst ist die Abflusskapazität der freigelegten Bäche stark beschränkt. Hochwasserspitzen, wie sie bei Starkregen auftreten, werden nach wie vor durch das Kanalisationsnetz abgeleitet. Der höchstmögliche Abfluss des an der Oberfläche geführten Teils des Döltschibachs ist auf 100 Liter pro Sekunde beschränkt, was weniger als 4 Prozent des erwarteten maximalen Hochwasserabflusses dieses Bachs entspricht. Übersteigt der Abfluss diesen Grenzwert, fliesst das überschüssige Wasser unterirdisch, entlang der Bahnlinie, Richtung Sihl. Die offengelegten Bachläufe zeigen also eine sehr künstliche, kontrollierte, fast schon idealisierte Natur, in der kein Platz ist für aussergewöhnliche Ereignisse, die eigentlich für Bachlandschaften prägend sind.

Doch auch oberhalb des Geschiebesammlers, im vermeintlich wilden Naturraum, ist der Döltschibach keineswegs weniger kontrolliert oder wilder, im Gegenteil. Auf dem knapp einen Kilometer langen Abschnitt zwischen Gratweg am Uetliberg und Hohensteinweg beim Triemli verhindern über 120 Bachsperren, dass sich der Bach in den weichen Untergrund einfrisst. Die Geschiebemassen, die im Zuge der regelmässigen Wartungsarbeiten aus dem Geschiebesammler an der Triemlihalde entnommen werden, zeigen jedoch, dass der Döltschibach in seinem Einzugsgebiet jedes Jahr über 1 Millimeter Material erodiert. Dies entspricht – trotz der massiven Verbauung – der Erosionskraft eines veritablen Wildbachs! Das kleine Rinnsal, das man bei trockenem Wetter über diese Bachsperren fliessen sieht, lässt dies kaum vorstellbar erscheinen, doch während eines Extremniederschlags donnern pro Sekunde bis zu 2,8 Kubikmeter Wasser – also die Füllmenge von etwa zehn Badewannen – durch das Bachbett. Kaum auszumalen, was dieser Bach bei Extremniederschlag anrichten würde, wäre er nicht verbaut.

Wie wichtig dieser Erosionsschutz für die Gefahrenprävention ist, zeigt sich auch an der jüngsten Bauetappe: Zwischen 2015 und 2016 wurden die Bachsperren am Döltschibach für rund 3,7 Millionen Franken aufwendig saniert. Trotz der grossen Summe eine gute Investition, denn der Schaden beim Versagen dieser Sperren wäre um ein Vielfaches grösser.

Ereignisse wie die schweizweite Hochwassersituation im Sommer 2021 rufen uns mit verlässlicher Regelmässigkeit in Erinnerung, dass verheerende Naturereignisse uns jederzeit auch im Schweizer Mittelland treffen können. Es werden grosse und langfristige Anstrengungen unternommen, um Menschen und Infrastruktur so weit wie möglich vor solchen Gefahren zu schützen. Entsprechend erleben wir vielerorts eine stark kontrollierte Natur. Installationen wie der Geschiebesammler am Döltschibach sind wichtig für die Stadtentwicklung, den Hochwasserschutz, eine naturnahe Raumgestaltung und die Naherholung. Sie verrichten ihre Funktion meist unscheinbar und wenig beachtet. Trotzdem laden sie dazu ein, sich Gedanken zu machen über die fortwährenden Anstrengungen, die Natur zu kontrollieren und unerwünschte Naturereignisse so gut wie möglich zu verhindern.

Wegbeschreibung

Der Geschiebesammler »Triemlihalde« liegt an der SZU Haltestelle Triemli, die mit der S10 in 9 Minuten ab Zürich HB erreichbar ist.

Holger Frey ist Group Leader am Geographischen Institut der Universität Zürich. Er forscht seit über zehn Jahren zu Naturgefahren und Klimawandel in verschiedenen Gebirgsregionen der Erde. Er nervt sich über das Klischee, dass Geografinnen und Geografen alle Hauptstädte der Welt kennen, ist gleichzeitig aber ein grosser Fan von Landkarten aller Art.

Ein Mahnmal im Zürcher Weinland

Hinkelstein Marthalen (ZH)

Rony Emmenegger

Es ist ruhig geworden um den Hinkelstein am Strassenkreuz zwischen Marthalen und Benken im Zürcher Weinland. Platziert wurde der 4,5 Meter hohe Sandstein einst vom Verein Like (Ländliche Interessengemeinschaft Keine Endlager) als Mahnmal gegen den möglichen Bau eines Tiefenlagers für radioaktive Abfälle im Untergrund, an ebendiesem Ort. Das Zürcher Weinland ist einer von drei Standorten, die bis vor Kurzem in der Schweiz für den Tiefenlagerbau in der engeren Auswahl standen. Zur genaueren Untersuchung des Untergrunds begann die Nagra (Nationale Genossenschaft für die Lagerung radioaktiver Abfälle) bereits 1998 mit einer ersten Sondierbohrung bei Benken. Auf der Suche nach dem »sichersten« Standort hat die Nagra seither die geologischen Untersuchungen intensiviert – auch im Zürcher Weinland.

Widerstand gegen das Tiefenlager

Die Bohrung in Benken hat als erster Schritt in den Abklärungen für den Bau eines möglichen Tiefenlagers schnell lokalen Widerstand auf den Plan gerufen. Damals sei Widerstand für ihn selbst aber noch kein Thema gewesen, meint Jürg Rasi, Präsident und Gründer von Like, den ich beim Hinkelstein traf. Mobilisiert habe ihn nicht die Benken-Bohrung hinter seinem Hof, sondern erst die Nachricht, dass der Tiefenlagerzugang möglicherweise direkt davor zu liegen kommen könnte. Ein Szenario, das seine zukünftige Existenz als Landwirt fundamental bedroht. Erstmals trat Rasi 2013 in Aktion, als er einen Konvoi von ca. 30 Traktoren auf den Dorfplatz in Marthalen führte, um dort eine laufende Informationsveranstaltung des Bundesamts für Energie zu stören. Seit der Vereinsgründung 2018 ist Like mit verschiedenen weiteren Aktionen in Erscheinung getreten und hat mit Plakaten am Strassenrand auf seine Anliegen, den Erhalt des »natürlichen Lebensraums«, aufmerksam gemacht. Like operierte dabei stets ausserhalb jener Gremien, welche die regionale Mitsprache bei der Standortsuche ermöglichen. Aus der Sicht von Jürg Rasi funktioniert diese Partizipation eben nur vordergründig, als Alibi zur Rechtfertigung dessen, was sowieso jenseits von Marthalen entschieden wird.

Mit der Platzierung des 30 Tonnen schweren Sandsteins Ende August 2018 hat der Bauernwiderstand die Kulturlandschaft in nunmehr spektakulärer Weise geprägt. Es sei eben wichtig gewesen, an der Oberfläche ein Zeichen zu setzen, meint Jürg Rasi in unserem Gespräch, denn die Arbeit der Nagra im Untergrund sei ja weder »sichtbar« noch »wahrnehmbar«. Bereits eine Woche vor der Platzierung hatte er an der Gründungsversammlung von Like eine »erste, unübersehbare Aktion« angekündigt. Doch die Errichtung des Hinkelsteins überraschte dennoch viele. Die Lokalpresse berichtete prompt. Die Gemeinde Marthalen reagierte postwendend: Der Hinkelstein sei ohne Baubewilligung in der Landwirtschaftszone errichtet worden und eine nachträgliche Baueingabe nötig. Jürg Rasi erhob Rekurs und es folgte ein Rechtsstreit um die Akte »Hinkelstein«.

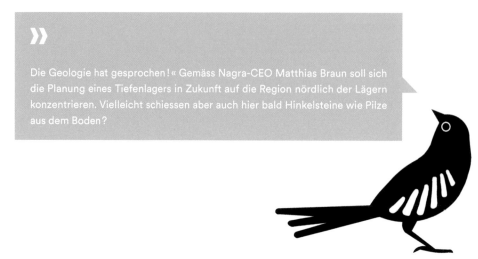

»

Die Geologie hat gesprochen!« Gemäss Nagra-CEO Matthias Braun soll sich die Planung eines Tiefenlagers in Zukunft auf die Region nördlich der Lägern konzentrieren. Vielleicht schiessen aber auch hier bald Hinkelsteine wie Pilze aus dem Boden?

Die Landschaft ist politisch

Für mich ging die Erforschung der Geschichte hinter dem Hinkelstein mit Aktenstudium weiter: Hinsichtlich der Lage des Sandsteins in der Landwirtschaftszone besteht Einigkeit im Rechtsstreit. Strittig ist hingegen die eigentliche »Natur« des Sandsteins und dessen Verortung in der Landschaft. Aus der Sicht von Jürg Rasi handelt es sich beim Hinkelstein lediglich um ein »Landschaftselement« beziehungsweise um ein »stilles und ungiftiges Mahnmal« gegen den möglichen Tiefenlagerbau am Standort; womit sich die Bewilligungspflicht für ihn erübrigt. Aus der Sicht der Gemeinde hingegen ist der Stein eine künstliche »Anlage«, die sich ästhetisch auf »Raum und Umwelt« auswirkt; die Bewilligung einer solchen Anlage entsprechend ein »öffentliches Interesse«.

Das zuständige Gericht weist Jürg Rasis Rekurs zurück. Dabei bleibt die »Natur« des Sandsteins auch im abschliessenden Urteil ungeklärt: Zwar handle es sich »mit Blick auf dessen Ausgangsmaterial und seine naturbelassene Oberfläche nicht um ein erkennbar von menschlicher Hand geschaffenes künstliches Objekt«, doch unterstreiche die »Lage«, »Höhe« und »Dimensionierung« eben seine Funktion als Mahnmal. »Denkmäler oder Statuen« gälten aufgrund ihrer »räumlichen Auswirkungen« zu den bewilligungspflichtigen Anlagen.

　　Die Baudirektion bearbeitete die Baueingabe in der Folge und kommt zum Schluss, der Hinkelstein sei nicht konform mit den Nutzungsbestimmungen für die Landwirtschaftszone. Sie anerkennt den Hinkelstein zugleich als »Grenzfall«, für dessen Bewilligung nicht allein dessen Lage in der Landwirtschaftszone entscheidend ist, sondern ebenso dessen Funktion als Mittel zur Ausübung der »Meinungsäusserungsfreiheit«. Folglich wurde der Sandstein von der Baudirektion als »überdimensionierter Plakatständer«, der im Widerstand gegen die mögliche Beeinträchtigung der Landnutzung »standortgebunden« seine Berechtigung hat, behandelt. Die Baudirektion erteilte eine Ausnahmebewilligung und schreibt in ihrer Verfügung: »Dass die politische Partizipation [bei der Suche nach einem] geologischen Tiefenlager auch landschaftliche Spuren hinterlässt, muss in einer demokratischen Gesellschaft innerhalb der rechtlichen Grenzen, die hier gewahrt bleiben, hingenommen werden.«

Das Mahnmal bröckelt

Auch Gletscher haben Findlinge von der Grösse des Hinkelsteins aus den Alpen in die Nordschweiz gebracht und diese als Relikte der letzten Eiszeit zurückgelassen. Im Gegensatz zu diesen Findlingen war die Errichtung des Hinkelsteins nicht ein natürlicher, sondern ein politischer Akt. Prominent inszeniert in der Tiefenlagerlandschaft, hat der Sandstein aus einem Schwyzer Steinbruch in der Folge politische Institutionen und etablierte Verfahren herausgefordert. In diesem Sinne sei auch der Rechtsstreit am Ende effektiv gewesen, um den Hinkelstein im politischen Bewusstsein zu halten, meinte Jürg Rasi in unserem Gespräch. Um den Stein ist es seither dennoch ruhig geworden – vom Verkehrslärm am viel befahrenen Strassenkreuz abgesehen. In seiner physischen Präsenz ist der Sandstein stiller Zeuge für den politischen Widerstand gegen das Tiefenlagerprojekt. Doch auch der Sandstein ist »vergänglich«, »lebt« und »bröckelt«, wie Jürg Rasi bei der gemeinsamen Inspektion metaphorisch betont. Die Ausnahmebewilligung ist, wie beantragt, bis zum Ende der Standortsuche für ein Tiefenlager in der Region befristet, der Sandstein danach abzubauen und der »ursprüngliche Zustand« vor Ort wiederherzustellen.

Wegbeschreibung

Mit dem ÖV: Vom Bahnhof Marthalen zu Fuss ins Dorfzentrum, dann zehn Minuten weiter entlang der Hauptstrasse Richtung Rheinau ins Grüne bis zur Abzweigung Richtung Benken.
Mit dem Auto: Bei der Autobahnausfahrt Benken rechts, dann 600 Meter geradeaus bis zum Strassenkreuz Marthalen-Rheinau.

Rony Emmenegger ist Politgeograf, lehrt und forscht an der Universität Freiburg. Im Rahmen seiner Forschung untersucht er die politischen Kontroversen um ein geologisches Tiefenlager für radioaktive Abfälle in der Schweiz. Er schätzt die Begegnung mit unterschiedlichen Menschen an der Oberfläche, die gemeinsamen Reisen in den Untergrund und das Brückenbauen – speziell im Zürcher Weinland.

Zwischen Wohnqualität und Durchgangsverkehr

St. Georgen (SG)

Martin Boesch

St. Georgen erreicht man bequem von der berühmten St. Galler Altstadt aus:
Gleich hinter dem UNESCO-Kulturerbe St. Galler Stiftsbibliothek startet das
Mühlegg-Bähnli, die kürzeste »Metrolinie« der Welt. Dieser Schräglift fährt
durch die Nagelfluhwand der Steinachschlucht direkt hinauf zur Sonnenter-
rasse beim Mühleggweiher. Das ist die Eingangspforte zum schönsten Wohnquartier
der Stadt St. Gallen, das mittlerweile rund 4000 Einwohnerinnen und Einwohner zählt:
Wir sind in St. Georgen angekommen. Die von einigen als »dörflich« benannte Idylle
täuscht allerdings, denn die stark befahrene Durchgangsstrasse ins Appenzellerland
spaltet das Quartier – nicht nur räumlich, sondern vor allem auch sozial. Es geht darum,
ob ein Wohnquartier dem Autoverkehr geopfert werden kann. Auf einem Rundgang
durch das Quartier findet man die Spuren dieser Dynamik, jede Strassenecke erzählt
eine spannende Geschichte aus der Quartierpolitik.

Zu den bedeutendsten wissenschaftlichen Irrtümern des ausgehenden
20. Jahrhunderts gehören die Thesen vom Ende der Geschichte bzw. dem Ende der
Geografie. Nach dieser Auffassung soll die Welt einem raum- und grenzenlosen Schla-
raffenland voller Möglichkeiten entgegensteuern. Eine Generation später ist evident,
dass stattdessen ein erbitterter Kampf um Ressourcen und Standorte entbrannt ist:
Nicht nur auf globaler Ebene, sondern auch in den Wohnquartieren unserer Städte,
auch in St. Georgen. Hier heisst das Leitthema »Wohnlichkeit«, sprich: Verkehrsberuhigung, Parkplätze, Tempo 30, Velo und ÖV versus Auto. Das lokale Gewerbe und die
Autolobby kämpfen verbissen um jeden Parkplatz, gegen jede Tempoeinschränkung;
die geplagten Anwohnerinnen und Anwohner hingegen um mehr Sicherheit, weniger
Lärmbelastung und weniger Luftverschmutzung.

Früher Anfang auf einem langen Weg

Bereits im Jahre 1985 machte sich eine Gruppe engagierter Bewohnerinnen und Bewohner in St. Georgen bemerkbar: Sie kritisierten den störenden Durchgangsverkehr aus dem bzw. in das Appenzellerland und organisierten zu diesem Zweck eine umfassende Verkehrsfluss-Analyse. Deren Resultat: Rund 60 Prozent des Verkehrs auf der Hauptachse war Durchgangsverkehr, der auch dem örtlichen Gewerbe keinerlei Nutzen brachte, denn diese Autos rollten ohne anzuhalten durchs Quartierzentrum. Ein Blick auf die Karte zeigt denn auch: Es handelte sich hier um die inoffizielle Südumfahrung der Altstadt von St. Gallen. Die Aktion hatte immerhin zur Folge, dass die städtische Verkehrsplanung diese Route aus dem sogenannten übergeordneten Strassennetz strich und auf einen weiteren Ausbau verzichtete – was eine Zunahme des Verkehrs jedoch nicht verhinderte. Immerhin rumorte es im Quartier aber erst wieder nach 25 Jahren.

Im Januar 2010 reichte der Verein Wohnliches St. Georgen eine Petition mit über 700 Unterschriften ein. Der Verkehr auf der Hauptstrasse durchs Quartier sei zu gefährlich geworden, vor allem für Schulkinder und ältere Quartierbewohnerinnen und -bewohner. Deshalb wurde eine Verkehrsberuhigung gefordert, zumindest eine Tempo-30-Zone im Quartierzentrum. Drei Jahre später – so lange hatte sich nichts bewegt – organisierten besorgte Eltern einen Lotsendienst für ihre Kleinen zur Überquerung der Hauptstrasse. Als Sofortmassnahme gab es einige Bodenmarkierungen. Derweil nahm die Zahl der Autos auf dieser Strecke weiterhin zu, doch noch immer wurde nichts weiter unternommen.

Ausgeklügelt: Bis 1950 funktionierte die 1893 eingeweihte Mühleggbahn als klassische Standseilbahn mit zwei gegenläufigen Wagen. Sie wurde durch blosse Schwerkraft angetrieben, indem bergseits unter der Kabine ein grosser Wassertank gefüllt wurde, der die Kabine nach unten zog. Das Gewicht des Wassers im Tank reichte aus, um die talseitige Kabine hinaufzuziehen. 1950 wurde der Mechanismus durch eine Zahnradbahn mit Elektromotor ersetzt.

Endlich vorwärts?
Eine Runde aussetzen!

2014 entschied sich die Stadtregierung für eine Tempo-30-Zone, allerdings nur als einjährigen Versuch. Doch die Quartierbewohnerinnen und -bewohner hatten zu früh aufgeatmet: Die Gegner dieser Massnahme zogen diese Verkehrsanordnung jahrelang durch alle Instanzen, bis endlich Mitte 2019 das Bundesgericht entschied: Die Beschwerde wird abgewiesen, der Tempo-30-Versuch als rechtmässig gutgeheissen. Der einjährige Versuch der Tempo-30-Regulierung wurde lanciert und kann objektiv als erfolgreich gewertet werden: Geschwindigkeit, Lärm, Hektik und Gefährdung gingen merklich zurück, der Busbetrieb wurde nicht etwa zusätzlich behindert, sondern im Gegenteil verstetigt. Und genauso wichtig: Die meisten Bewohnerinnen und Bewohner beurteilten die neue Situation positiv. Folgerichtig entschied die Behörde Mitte 2020, dass die Tempolimite nun definitiv gilt.

»Na, warum nicht gleich«, ist man versucht zu fragen. »War ja so zu erwarten.« War St. Georgen etwa der allererste Ort, wo ein solcher Versuch gewagt wurde? Natürlich nicht. Der Erfahrungsschatz, auf den man zurückgreifen kann, ist beeindruckend, evidenzbasiert, auch theoretisch untermauert und politisch mehrheitsfähig. Es geht im Kern darum, die anerkannten Grundsätze einer umweltorientierten, nachhaltigen Verkehrspolitik effektiv anzuwenden, statt sie andauernd zu behindern und zu verzögern.

Das Kleine im Grossen –
das Grosse im Kleinen

Wer wundert sich da noch, woher denn der verbissene Widerstand gegen sogenannte restriktive Verkehrsanordnungen kommt? Für einen immer grösseren Teil der Betroffenen sind es ja gerade befreiende Massnahmen. Einmal mehr wird an diesem Beispiel eine Kluft sichtbar, die sich durch unsere Gesellschaft zieht und sich in ganz unterschiedlichen Formen manifestiert. Es ist ein Charakteristikum von Transformationsprozessen – vor allem wenn sie rasch vorangehen –, dass unter anderem auch entlang dieser Grundsatzfragen von kollektiven Interessen bzw. Interessengegensätzen immer härter gefochten wird. Seit Kurzem läuft das unter dem Etikett »Stadt-Land-Graben«.

Und wenn wir den Blick vom Quartier über die nationale Ebene hinaus auf globale Auseinandersetzungen richten, insbesondere auf die Klimadebatte und auf geopolitische Konflikte, dann ist es evident: Raum im Sinne von Raumaneignung, von Raumentwicklung, aber auch als direkte Ressource, ist ein ganz knappes, höchst umstrittenes Gut. Space matters, ob im Kleinen oder im Grossen.

Man mag einwenden, dass dieser Spagat zwischen globaler Ebene und Quartierentwicklung etwas weit hergeholt sei. Doch wenn man die Welt als Fraktale Struktur versteht, in der sich die kleinen Phänomene auf lokaler Ebene als selbstähnliches Abbild wiederholen bis zu den grossen, globalen Schauplätzen (gleichsam wie ein grosser Blumenkohl oder Brokkoli), dann spaziert man mit geschärfter Aufmerksamkeit durchs Quartier.

Herzlich Willkommen in St. Georgen – es gibt hier noch viel mehr zu sehen!

Eine entvölkerte Autorennstrecke durch St. Georgen wäre für viele undenkbar.

Wegbeschreibung

Das St. Galler Quartier St. Georgen erreicht man in wenigen Minuten mit dem Mühlegg-Bähnli. Dieses verbindet die St. Galler Altstadt mit dem Quartier St. Georgen und fährt direkt hinter der Stiftsbibliothek.
Der Verein Wohnliches St. Georgen (www.wohnliches-stgeorgen.ch) organisiert regelmässig Rundgänge und Besichtigungen zu gerade aktuellen Brennpunkten der Quartierpolitik.

Martin Boesch interessiert sich als Wirtschaftsgeograf dafür, wie Räume durch wirtschaftliche Interessen und Aktivitäten gestaltet werden. Er arbeitete an der Universität St. Gallen, wohnt im Quartier St. Georgen und engagiert sich in der Stadt- und Quartierpolitik – als Mitglied des Stadtparlaments, als Gründungsvorstand des Vereins Wohnliches St. Georgen und in verschiedenen anderen Funktionen. Dabei liegen ihm besonders die Wohnqualität und eine attraktive Quartierentwicklung am Herzen.

Drei Sirenen in Zillis

Zillis (GR)

Alexandre Chollier

Die Schweiz ist nicht sehr gross, das ist offensichtlich. « So lautet der erste Satz des etwas in Vergessenheit geratenen Werkes *Seltsame Schweiz*, das 1970 im Mondo-Verlag erschienen ist. Die Autoren, der Fotograf Jean Mohr und der Schriftsteller Louis Gaulis, stellten sich vor Beginn ihrer Zickzack-Reise durch das Land vor, wie die Schweiz aussehen würde, wenn sie flach, die Unebenheiten ausradiert und die Distanzen dementsprechend grösser wären. Traumdenken? Nun, springt auf den Zug auf, in meinem Fall ab Genf, richtet euren Kompass in Richtung Graubünden und ihr werdet sehen, dass unsere Mitstreiter nicht zu Unrecht über die flache Kartografie spotten. Aber welchen Ort soll man in diesem Kanton wählen, der nicht zu diesem Land zu gehören scheint? Es gibt viele Reiseziele, aber es gibt eines, das mich mehr anspricht als die anderen und auf das sie selbst mit dem Finger zeigen: Zillis.

Von Genf aus und vorausgesetzt, ihr nehmt den Glacier-Express durch Obergoms und dann über den Oberalppass, entlang dem Urserental und dem Vorderrhein, dauert die Reise fast acht Stunden, einige willkommene Zwischenstopps inklusive. Den letzten Teil könnt ihr mit dem Bus von Thusis aus, das etwa zehn Kilometer von Zillis entfernt liegt, über die Via Mala zurücklegen.

Spieglein in der Hand

In Zillis angekommen, genügt ein Blick auf das Dorf, um die Silhouette der Kirche St. Martin zu entdecken. Diese hat eine fast ebenso lange Geschichte – die Fundamente gehen auf die Römerzeit zurück – wie die seit der Antike passierbare Strasse, die die Nord- und Südhänge der Alpen über den Splügenpass verband. Das heutige Gebäude stammt aus dem 12. Jahrhundert, hat aber im Laufe der Jahrhunderte einige Veränderungen durchlebt. Seine Berühmtheit liegt jedoch nicht in seinem Gemäuer. Um sie zu entdecken, müsst ihr euch eines ungewöhnlichen Gegenstands bedienen. Tatsächlich empfiehlt auch Stuart Morgan in seinem Reiseführer *Romanische Kirchen und Burgen*, auf jeden Fall einen Spiegel zu benutzen.

Mit diesem praktischen Hilfsmittel, das euch am Eingang der Kirche kostenlos zur Verfügung gestellt wird, könnt ihr – wenn ihr nicht mit einem steifen Hals aus Graubünden zurückkehren wollt – die Malereien an der 17 Meter langen und 9 Meter breiten Decke betrachten. Die Decke besteht aus 153 Fichten-, Lärchen- und Arvenholzplatten, welche vor mehr als acht Jahrhunderten zuerst mit der Axt bearbeitet, dann bemalt und schliesslich auf ein Gebälk montiert wurden. Wie eine mittelalterliche Radkarte angeordnet – Festland in der Mitte, Weltmeere drum herum – erzählen die 105 » Land «-Tafeln vom Leben Christi und der Legende des heiligen Martin, während die 48 » Meer «-Tafeln grösstenteils von Meeresungeheuern, Sirenen und Nymphen bevölkert sind.

Wie Ernst Murbach in seinem Buch *Zillis: die romanische Bilderdecke der Kirche St. Martin* bemerkte, ist der gesamthafte Stil der Malereien extrem grafisch, bestehend aus Linien und Grundfarben. Um die Arbeit der Künstler – es waren mindestens drei – in vollem Umfang zu würdigen, muss man jedoch die Beurteilung berücksichtigen, die Henri-Paul Boissonnas 1942 abgab, kurz nachdem er die Restaurierung der Gemälde abgeschlossen hatte: ein volkstümliches Werk, das » alterslos « sei. Vor ihrer vollständigen Restaurierung durch den Genfer Künstler wurden die bemerkenswertesten Paneele der Decke anlässlich der Schweizerischen Landesausstellung Landi an den Wänden des Kunsthauses Zürich präsentiert, diesmal in der Vertikalen. Und hier wird es spannend.

Wer heute auf dieses Werk oder besser sein Spiegelbild blickt, wird erstaunt sein, dass es acht Jahrhunderte unbeschadet überstanden hat. Insbesondere wenn man, wie Ernst Murbach, an » die Ignoranz oder die Gier der Menschen, den reformatorischen Bildersturm, die barocke Leidenschaft der Renaissance « denkt – oder an die Wetterbedingungen im Schams. Oder besser gesagt, es ist erstaunlich, dass die Malereien keinen sichtbaren Schaden genommen haben. Denn wenn man sich die Anordnung der Paneele ansieht, nimmt die Sache eine andere Wendung.

Sichtweisen

Josef Zemp, Präsident der Eidgenössischen Kommission für Denkmalpflege, argumentierte, dass die Komposition, die ihm vorlag, absurd und unsystematisch sei, und verlangte, dass der gesamte Mittelteil neu geordnet werden sollte. Diese Neuordnung wurde 1940 vorgenommen. Eine betrachtende Person der Malereien musste nun in der Lage sein, den Text, der die Malereien in sieben Paneelen ergänzt, vom Chor her von links nach rechts zu »lesen«. Dabei wird ausser Acht gelassen, dass eine andere Logik für diese Paneele gültig sein könnte (z. B. das Lesen anhand der »S«-Methode).

Nur die Paneelen am äusseren Rand, die unter anderem von Dialas (Bergsirenen) bewohnt werden, entkamen dieser rücksichtslosen und bis heute gültigen »Restaurierung«, wie uns Marc Antoni Nay im Schweizerischen Kunstführer in Erinnerung ruft, der den Denkmälern im Zillis gewidmet ist. Jede von ihnen blickt nach aussen, zwingt uns damit, einen ganz anderen Blickwinkel einzunehmen, und widersetzt sich vor allem jeder vorgegebenen Lesart: umso mehr, wenn sie durch einen Spiegel »gelesen« werden. Denn über den Spiegel wissen wir seit Walter Benjamin, der im September 1919 über die Via Mala durch das Dorf Zillis reiste, dass er »jede Spiegelung ohne Verzögerung, aber durch eine symmetrische Übertragung« wiedergibt.

Meine Lieblings-Bergsirene ist jene, die am Eingang der Kirche an der Nordwestwand einem Drachen die kalte Schulter zeigt und uns mit ihrer Klarinette begrüsst.

Laut Walter Benjamin ist der erste Anblick eines Dorfes ausschlaggebend: »Dass in ihm die Ferne in der strengsten Bindung an die Nähe mitschwingt.« Ist dies nicht eine geografische Selbstverständlichkeit, die für jeden »ersten Anblick« gilt? Machen wir es uns nochmals bewusst, wenn wir die Kirche St. Martin betreten und unseren Blick in den am Eingang bereitgestellten Spiegel richten.

Wegbeschreibung

Nehmt vom SBB-Bahnhof Thusis den Bus in Richtung Mesocco und steigt an der Haltestelle Zillis, Dorf aus. Rechnet mit ca. 15 Minuten. Die Touristeninformation befindet sich direkt vor der Haltestelle, während die Kirche ca. 100 Meter weiter unten in Richtung des Flusses liegt. Die Spiegel stehen am Eingang der Kirche zur Verfügung.

Alexandre Chollier ist Geograf. Er teilt seine Zeit zwischen dem Unterrichten am Collège Sismondi in Genf, der Forschung und dem Schreiben auf. Wann immer er kann, macht er sich, meist mit seiner Familie, auf den Weg, um den Kanton Graubünden kreuz und quer zu durchwandern, jedoch ohne dabei zu versuchen, jede Leerstelle auf der Landkarte zu füllen. Er liebt die Topografie des Safientals über alles; seinen kargen *ubac* (Nordhang) und seinen blühenden *adret* (Südhang).

Im Tal der Geschichtengeflechte

Piz Dora und die Heiligkreuzkapelle in der Val Müstair (GR)

Norman Backhaus

Wenn ich als Unterländer über das Tal im äussersten Südosten der Schweiz schreiben möchte, gerate ich bereits in Schwierigkeiten: Schreibe ich über das Val Müstair oder die Val Müstair oder kann ich mich mit dem Begriff Münstertal aus der Affäre ziehen? Auch für Rätoromaninnen und Rätoromanen ist der Fall umstritten: Doch *la val* ist weiblich, darum ist es *die* Val Müstair, in *die* ich mich so gerne begebe. Entscheiden wir uns also dafür.

Die Reise dorthin über den Ofenpass ist zwar für den empfindlichen Magen eine physische Herausforderung, aber auch eine der schönsten Postautofahrten der Schweiz. Sie führt durch den Schweizerischen Nationalpark, der zu einem kleinen Teil auf dem Gebiet der Gemeinde Val Müstair liegt. Val Müstair ist jedoch nicht nur Nationalparkgemeinde und Teil eines Biosphärenreservats, sondern auch – als » Biosfera Val Müstair « – ein regionaler Naturpark von nationaler Bedeutung. Ausserdem beherbergt sie mit dem Kloster Müstair ein UNESCO-Weltkulturerbe, dessen Gründung im Jahr 775 Karl dem Grossen zugeschrieben wird. Nationalpark, Naturpark, Weltkulturerbe, Biosphärenreservat – all diese verschiedenen Label sind nicht immer einfach zu kommunizieren und zu verstehen. Sie geben immer wieder Anlass für Diskussionen und politische Aushandlungsprozesse. Für mich sind sie Zeichen dafür, dass sich die Talschaft an einer nachhaltigen Entwicklung ausrichtet, denn regionale Naturparks und Biosphärenreservate verpflichten sich dazu. Ausserdem pflegt sie mit dem Weltkulturerbe besondere kulturelle und mit dem Nationalpark natürliche Werte.

Vom Berggipfel ins Untergeschoss

Obwohl ich das ganze Tal attraktiv finde, möchte ich zwei Orte herausheben, die für mich besonders sind: den Gipfel des Piz Dora und das Untergeschoss der Heiligkreuz-kapelle des Klosters St. Johann Müstair. Vom Piz Dora, den man von Tschierv aus in zwei bis drei Stunden über Bergwanderwege erklimmen kann, geniesse ich den Ausblick über den eleganten Bogen, den die Val Müstair nach Osten macht, wo es im Südtiroler Vinschgau mündet. Auf der westlichen Seite sieht man der steilen Bergflanke entlang ins Val Mora (ein beliebtes Ziel für Wanderer und Bikerinnen, die sich dort nicht immer ganz konfliktfrei begegnen). Wenn mein Wanderpicknick aus lokalen Produkten mit Biosfera-Label besteht und ich mir die hohe Biodiversität der Orchideen, Schnecken und Schmetterlinge vor Augen führe, steigert sich mein Glücksgefühl ins Unendliche. Dabei tragen Gerüche wie etwa von einer nach Heuschnupfen » riechenden « Wiese, Geräusche wie das Schnarren eines balzenden Schneehahns, aber auch das eines beschleunigenden Motorrads, und die Kühle des Lai da Chazforà, eines Bergsees auf halbem Weg zum Gipfel, zum Landschaftserlebnis bei.

Gut 1700 Höhenmeter tiefer befindet sich die Heiligkreuzkapelle des Klosters St. Johann Müstair, die im Jahr 785 – zehn Jahre nach der Klostergründung – erbaut wurde. Mich faszinieren dort vor allem die vor über 1200 Jahren eingebauten Holzbalken, die unverändert und zuverlässig das Obergeschoss der frisch renovierten Kapelle tragen. Jeder der Balken erzählt – zusammen mit den mit den Renovationen der letzten Jahre hervorgeholten karolingischen Fresken – seine eigene Geschichte, denn die verschiedenen Handwerkerinnen und Handwerker, die sie herstellten und verarbeiteten, wandten ihre ganz eigenen Rezepturen und Verfahren an, um die Balken haltbar zu machen.

Die grossen ästhetischen und kulturellen Leistungen, die die Landschaft und die Menschen im Tal vor allem für den Tourismus erbringen, dürfen nicht darüber hinwegtäuschen, dass die wirtschaftliche Situation nicht so strahlend ist wie die Sonnenaufgänge im Tal. Die Abwanderung vor allem junger Jauerinnen und Jauer, wie sich die Einheimischen bezeichnen, ist nach wie vor ein Problem. Viele gehen zu Ausbildungszwecken weg und finden danach oft keine beruflichen Perspektiven, die ihnen eine permanente Rückkehr ins Tal erlauben würden. Die stark vom Tourismus abhängige Region kämpft auch gegen die Konkurrenz des nahen und meist günstigeren Südtirols und wird oft lediglich durchfahren, mitunter von Konvois italienischer Luxussportwagen, die ausser Lärm und Abgasen nichts im Tal hinterlassen.

Die Münstertaler und Münstertalerinnen bezeichnen sich als »Jauers«, respektive »Jauras«, zu deutsch: »die Jau-Sager und -Sagerinnen«. *Jau* bedeutet im Dialekt des Münstertals »ich« und wird dort – und in der 1982 geschaffenen Hochsprache Rumantsch Grischun – verwendet.

Entschleunigter Tourismus

Allerdings hat die Covid-19-Pandemie gezeigt, dass die Val Müstair bei inländischen Touristinnen und Touristen beliebt ist. Die Besucherzahlen sind 2020 stark angestiegen und hielten sich auch 2021 auf hohem Niveau. Wie nachhaltig diese Entwicklung ist, muss sich jedoch erst noch zeigen; ein auf Gesundheit und Wohlbefinden fokussierter Tourismus findet hier ein gutes Umfeld. Ausserdem etablieren sich wieder kleinere Betriebe im Tal, wie eine Käserei, ein Schlachthof für biologisch gehaltenes Vieh, eine Getreidetrocknungsanlage oder eine neue Bäckerei mit unverschämt guten Nusstorten, die nicht nur auf Berggipfeln munden.

Die natürlichen und kulturellen Erlebnisse, die man in der Val Müstair haben kann, verweben sich in der Landschaft zu einem Geschichtengeflecht, das je nach Betrachtungsweise dem einen oder anderen Tuch der im Tal ansässigen Handweberei ähnlich sieht. Allerdings weisen die eigenen Geschichtengeflechte wohl auch einmal einen Webfehler, einen Farbstich oder gar ein Loch auf, was man von den Produkten der Weberei nicht behaupten kann.

Wegbeschreibung

Die Heiligkreuzkapelle des Klosters St. Johann Müstair befindet sich nur wenige Schritte neben der Postautohaltestelle Müstair, Clostra Son Jon.
Von der Postautohaltestelle Tschierv Plaz folgt man der Hauptstrasse in Fahrtrichtung, überquert den Rombach und nach wenigen Metern geht der Wanderweg rechts hoch durch den Wald. Er führt über Funtauna Grossa steil nach oben zum auf knapp 2600 Meter über Meer gelegenen Lai da Chazforà. Rechts führt der Wanderweg über Geröllhalden auf den 2950 Meter hohen Piz Dora.

Norman Backhaus ist Professor für Humangeografie an der Universität Zürich. Er forscht und lehrt zur politischen Ökologie von Naturschutz und Landschaften. Er fotografiert sehr gerne, v. a. ... Landschaften, z. B. in der Val Müstair.

Dank

Wir danken herzlich allen Institutionen, die uns bei der Finanzierung dieses Buchs unterstützt haben: der Akademie der Naturwissenschaften Schweiz (SCNAT), der Geographischen Gesellschaft Bern, dem Verein Geographie Alumni UZH, dem Institut für Geographie und Nachhaltigkeit der Universität Lausanne, dem Geographischen Institut der Universität Neuchâtel und dem Geographischen Institut der Universität Zürich. Ohne ihre grosszügige Unterstützung hätten wir dieses Buch nicht in dieser Form realisieren können.

Wir danken auch allen an der Produktion des Buchs beteiligten Personen: der Illustratorin (Clara San Millán), den Übersetzerinnen (Viktoria Wenker, Juliette Latourte) sowie dem Verlag Helvetiq für seine kreativen Ideen und das grosse Engagement, insbesondere Satu Binggeli und Myriam Sauter, die sich grossartig um uns und das Projekt gekümmert haben.

Schliesslich danken wir auch allen Autorinnen und Autoren der Essays, die dieses Projekt möglich gemacht haben. Vier der Essays (Klauser, Landolt, Müller, Schoepfer) sind bereits Anfang 2021 in der Zeitschrift *GeoAgenda* erschienen und durften für das vorliegende Buch übernommen werden.

Mehr Schweiz zum Entdecken:

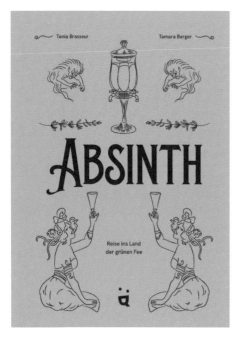

Absinthe
ISBN: 978-3-03964-012-6

Swiss Tattoo
ISBN: 978-3-907293-79-9

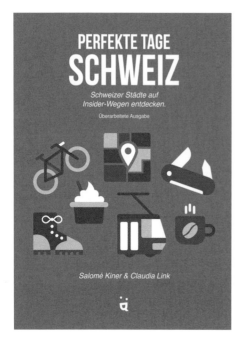

Perfekte Tage Schweiz
ISBN: 978-3-907293-64-5